恋する能楽

能楽師・観世流シテ方
小島英明

東京堂出版

恋する能楽　目次

恋する能楽20選

プロローグ……❖

能を楽しむための基礎知識

約六五〇年もの長い間受け継がれ、今もなおその様式を変えることなく演じ続けられている「能楽」。

そのような舞台芸術は、世界のどこにも存在しません。日本の誇るべき伝統芸能なのです。とは言っても現代では、多くの人に「難しそう」「退屈しそう」「眠くなりそう」というイメージを持たれているのもまぎれのない事実です。

そこで、まずは能を楽しんで頂くための基礎知識をここでご紹介したいと思います。能の歴史や舞台上での約束事等、ポイントを押さえておけば、大丈夫。この本を片手に少しの予習をしたら、早速、能楽堂に足を運んでみて下さい。森羅万象を表現する能舞台は独特の雰囲気。老若男女にとどまらず、亡霊や鬼、神様までもが登場し、日常とは異なる異空間が広がります。現在進行形の自分の心と対話するように観て、聴いて、感じて、想像することが何より大切。能の魅力は無限大です。早速その世界をご案内していきたいと思います。

能（能楽）とは？　〜受け継がれる六五〇年の歴史〜

「能楽」はもともと「猿楽」と言われ、物真似を主体とした芸能でしたが、次第に洗練され、室町時代初期には現在の形に近いものになったといわれています。一三七四年頃、京都・今熊野での勧進猿楽をお忍びで見物した、時の将軍・足利義満はその面白さに魅了され、これを保護して世に広めました。その絶大なる支援を背景として観阿弥《かんあみ》・世阿弥《ぜあみ》親子は能を優美な舞台芸術として大成させました。

その後は、熱狂的な愛好者だった豊臣秀吉の保護を受け、能はさらに発展します。安土桃山文化の隆盛により、豪壮な装束や様式が確立。能面の型が出揃ったのもこの頃です。徳川家の御世となっても、幕府が能を武家の式楽（公儀の儀式に用いられる歌舞音曲）と定めた事により守られました。ところが明治維新によって幕府の庇護を失った能は、危機に陥ります。しかし、岩倉具視を団長とする新政府の使節団が欧米諸国を視察し、日本独自の芸術を確立することの大切さを痛感。能は再び明治政府によって保護されるようになります。「猿楽」から「能楽」となったのもこの時期。時代は大正、昭和と移り、天災や戦争などの多くの困難を乗り越えて、能楽は平成の今に受け継がれています。

そして二〇〇一年、二十一世紀となり、「能楽（能と狂言）」は、ユネスコより世界無形文化遺産第一号に認定され、世界にもその存在を認められることとなりました。

能舞台

今や屋内に能舞台があるのが一般的ですが、かつては屋外に自由な形で仮設舞台を建てて演じられていました。その後、演能の機会が増えるに従って、各地の神社仏閣・武家の屋敷には常設の舞台が設置されるようになりました。三間（約五・四メートル）四方の本舞台に、橋掛かり・後座（横板）・地謡座の四つの要素で構成され、舞台が客席に大きく張り出した形の能舞台は、室町末期頃に確立したと言われています。以後、江戸時代末期頃まで、屋外の「能舞台」に対して、客席である「見所《けんしょ》」は、白い小石を敷き詰めた「白州《しらす》」を隔てて別棟として建てられていましたが、明治十四（一八八一）年、「能舞台」と「見所《けんしょ》」を建物の中に取り込んだ、「初の能楽堂」として「芝能楽堂」が東京・芝公園内に誕生しました。以来、能楽堂は、このスタイルを継承することになったのです。その後、芝能楽堂は経営困難となり、一九〇二年に靖国神社に奉納・移転。現在も社内の桜が満開になる頃、その舞台で毎年薪能が開催されています。

「能舞台」という立体的な空間は、役者の演技と観客の想像力によって、様々な世界に変化《へんげ》する場所。時空を越える「万能の空間」を是非体感して下さい。

能舞台の構造

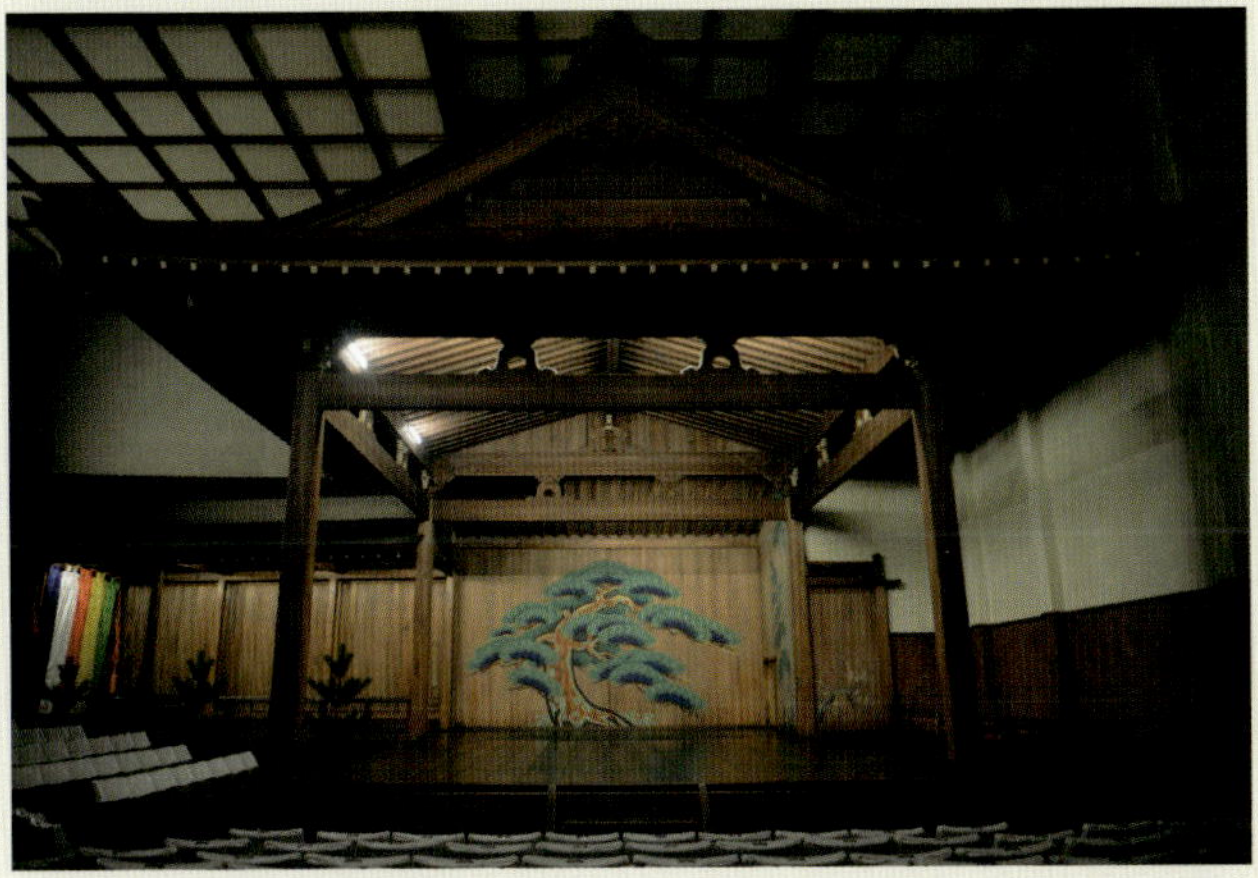

矢来能楽堂（東京都新宿区）
昭和27（1952）年に再建。都内で二番目に古い能楽堂。平成23（2011）年には国の登録有形文化財に指定された。

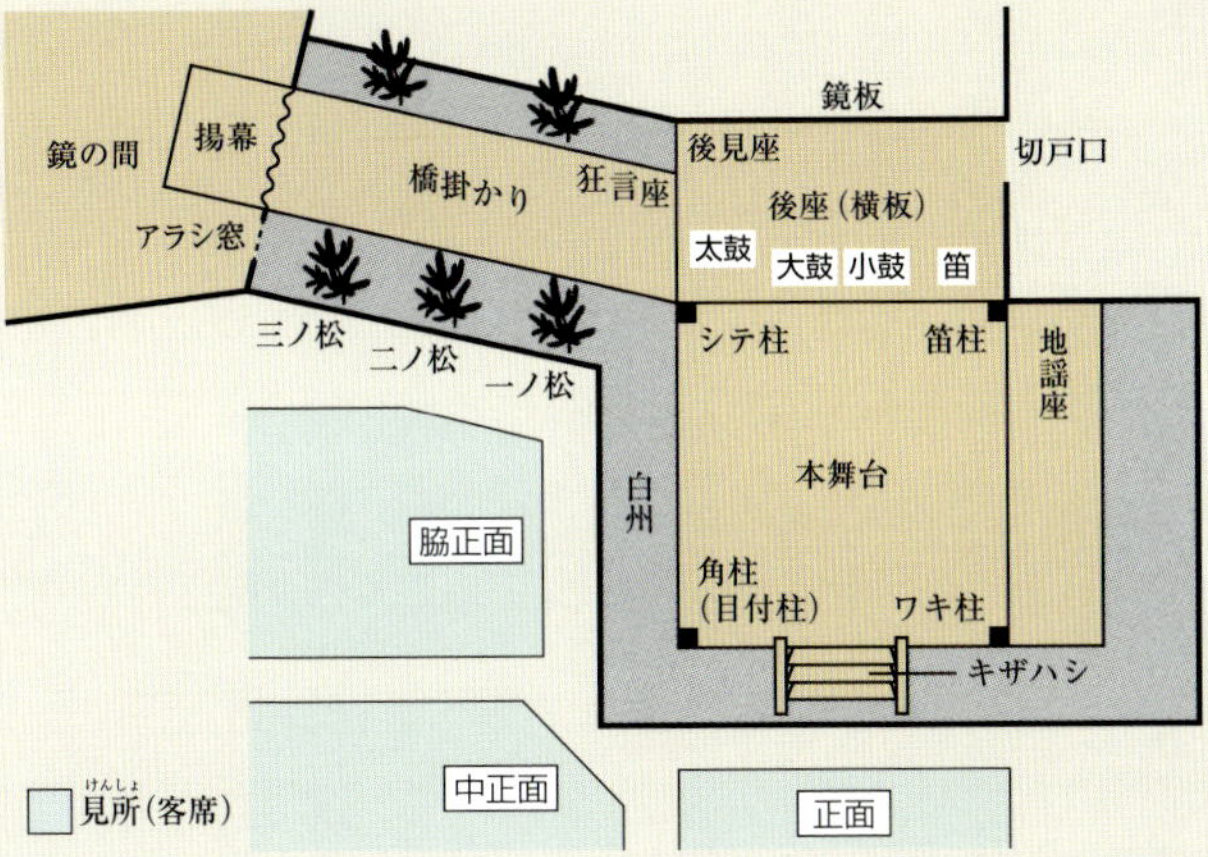

能舞台の平面図

能の種類

能の演目は、現行曲約二百曲（流儀によって異なる）。シテ（主役）のキャラクターにより、五つのジャンルに分けられます。

●『翁《おきな》』（『神歌《かみうた》』）……「能にして能にあらず」といわれ、天下泰平・五穀豊穣・国土安穏を祈る儀式曲として、他の曲とは別格に扱われています。祈祷の究極の芸術的表現といえる曲です。新年や劇場のこけら落しなどで、舞台の無事を願い上演されます。「素謡《すうたい》」（能面や装束を着けず、謡のみの上演形式）で演じられる時、観世流のみ「神歌《かみうた》」といいます。

●初番目物（脇能）……神が出現し、この世の平和や幸福・豊作などを祝福するおめでたい能。

●二番目物（修羅物）…主に男性（源平の武将など）が主人公のもの。死後も修羅道の地獄に苦しむ亡霊が、救いを求めて現世に現れます。

●三番目物（鬘物）……『源氏物語』や『伊勢物語』等、文学作品の登場人物など優美な女性が主人公のもの。歌舞中心の能。最も幽玄美溢れる作品群。

●四番目物（雑物）……何かを思いつめて心乱れた主人公の「狂女物」や、この世に恨みを持ち成仏できなかった怨霊などが主人公として登場する「妄執物」。また、現実の世界での出来事を描く「現在物」など、他のジャンルに入らないものも四番目に分類されます。

◉五番目物（切能）……一日の最後（キリ）に上演される能。鬼や天狗・龍神・獅子などが登場するもので、力強い舞などが見どころです。

本来は「五番立《ごばんだて》」といって、儀式曲の『翁』から始まり、この五種類の演目（その合間に狂言四番）が順番に演じられますが、現在では簡略化され、能と狂言が一曲ずつ演じられる公演が多くなっています。

能楽師の役割

能楽師は、シテ方とワキ方・狂言方・囃子方（三役）の四つの役に分かれ、それぞれが専門職で他の役を兼ねることはありません。分業制ではありますが、能を構成する上で、それぞれの役は密接に関わっているため、専門外の役でも一通りの知識がないと舞台を勤めることは出来ません。

◉シテ方……公演の中心となるグループで、能の「シテ」（主人公）や「ツレ」（シテに準ずる役）、「トモ」（ツレに準ずる役）などの役のほか、「地謡《じうたい》」（ストーリーや情景描写・シテの心情を表現するコーラス）や「後見《こうけん》」（装束の着付や舞台進行のサポート役）などを担当します。

◉ワキ方……シテの相手役となる「ワキ」、ワキに準ずる役「ワキツレ」を勤めます。現実の人間として登場し、面をつけず（直面《ひためん》）、常に男性の役を演じます。

◉狂言方……能の中では、「所の者」として前半と後半をつないでストーリーを説明したり、一登場人物として活躍する役「アイ」（間《あい》狂言）を勤めます。また、能の演目とは別に、狂言方のみで「狂言」（滑稽味を洗練させた笑劇）を演じます。

◉囃子方……音楽部分を担当。笛・小鼓・大鼓・太鼓の四つ（四拍子）があり、それぞれ専門職で他の楽器を兼ねることはありません。能の中には、太鼓の入らない曲もあります。

番組　～登場人物とストーリー展開をチェック～

能のプログラムを「番組《ばんぐみ》」といいます。登場人物や曲のストーリー、出演者などをチェックしましょう。舞台進行・物語の展開を心得ておくと、より解りやすくなります。

能は、曲の構成によって、登場人物が生身の人間のみの「現在能」と、亡霊が登場し過去を回想する「夢幻能《むげんのう》」に大きく分けられますが、ここでは能で主流の夢幻能の基本的構成について紹介します。

舞台の流れの例

1 **おしらべ**

囃子方が「鏡の間《ま》」で楽器の調子を整える。ここから能は始まっている。

2 **幕より囃子方、切戸より地謡の登場**

3 **後見が「作り物」（舞台上に置かれる大道具や小道具）を出す**

4 **ワキの登場**

舞台が始まると、まずワキ（旅僧など）が登場し、自らの素性を名乗り旅の道行を謡《うた》い、とある場所に到着します。ワキはストーリーの展開を観客に案内すると同時に、舞台上に起こる不思議な出来事を観客の代表として観る役割をしているのです。

5 **前シテの登場〔前場〕**

そこへ、いわくありげな人物（前シテ）が現れ、その土地にゆかりのある物語を語り、自らがその話の人物であることをほのめかして、消えてしまいます。

6 **中入《なかいり》**

シテは一旦「幕入」します。舞台上の作り物の中に「中入《なかいり》」することもあります。

7 **アイ語り**

アイ（所の者など）が当地にまつわる話を解りやすく語ります。

8 **後《のち》シテの登場〔後場《のちば》〕**

後シテが在りし日の姿で現れ、昔を偲んで舞を舞い、夜明けとともに姿を消します。すべてはワキが観た夢の中の出来事であったという構成を取ることにより、能は時空を超えた世界を表現できるのです。

能の中の恋模様……❖

ラブストーリーで味わう能の魅力

能が語る恋愛論

男女の恋愛が描かれる「能」に登場する人物は、今を生きる私たちと同じように恋をして胸を時めかせるし、失恋をして傷つき、打ちひしがれることもあります。様々な恋愛の形があり、人を想う心の細やかな機微が描き出されます。さらに彼らはあの世とこの世を往来し、生きている間には伝わらなかった想いや言葉を亡霊となって現れ、語ります。既《すで》に死している者だからこそ、後悔に苛《さいな》まれている者だからこそ、その語りは独特の説得力を持ちます。まるで「後悔のない恋をしなさい」と諭しているかのように。人の心の核心部分を表現し、恋愛の本質を描く能の恋物語は、現代にも通じる恋愛論。実際に舞台を鑑賞すれば、自らの過去の恋愛や今の恋愛に想いを馳せる事もあるでしょう。そして、自らの心だけを頼りに、もっと多くのメッセージを感じとることもできるのです。

詞章の魅力 ～恋する詞章～

能の詞章とは、能の「脚本」であり、セリフの部分と謡《うたい》の部分があります。観能する曲の詞章に一通り目を通しておくと、セリフや謡がなかなか聞き取れなくても、ストーリーの進行が把握できますし、鑑賞後には観るだけでは気がつかなかった事を自分なりに発見し、納得することも少なくありません。演能が行われる能楽堂では、各曲の全詞章を収めた「謡本」を販売しており、最近では当日に詞章を配布している公演もあります。

能の詞章は「美しい日本語」の宝庫。きらめくような言葉で溢れています。恋慕や情愛は勿論の事、季節、神仏、信心、老い、無常、別離について豊かに表現され、たった一行で、私達の心を震わし、感動させる力を持っています。世阿弥をはじめとした能の作者が織りなす巧みな名句には、幾度《いくど》となく驚かされるばかりです。

本書では、「恋愛」をテーマにした能の作品を二十曲紹介しています。各曲それぞれに、曲趣を味わうポイントとなる詞章を「恋する詞章」として掲載し、現代語訳をつけています。人を恋うるとは、心が花で満たされること。そして心が鬼の棲家となること。ぜひ登場人物の気持ちに触れ、その心を想像してみて下さい。古今変わらぬ、大切な何かに気が付くはずです。

この本の見かた

曲柄

その曲の舞台となった季節や場所、登場人物、作者など。
季節は旧暦で示しています。

あらすじ

曲名

解説

「恋する詞章」を中心に曲を解説。それぞれの曲で描かれる物語の味わいかた、見かたを紹介します。

語句説明

用語や人物など、理解のための補足を説明しています。
（該当する語の初出に「*」をつけています。）

恋する詞章

曲中で心に響くオススメの一節を紹介します。

意訳

「恋する詞章」を意訳しています。

MEMO

作品の舞台や背景、登場人物などについて、より深く知るための情報を紹介しています。能の楽しみがさらに広がるコーナーです。

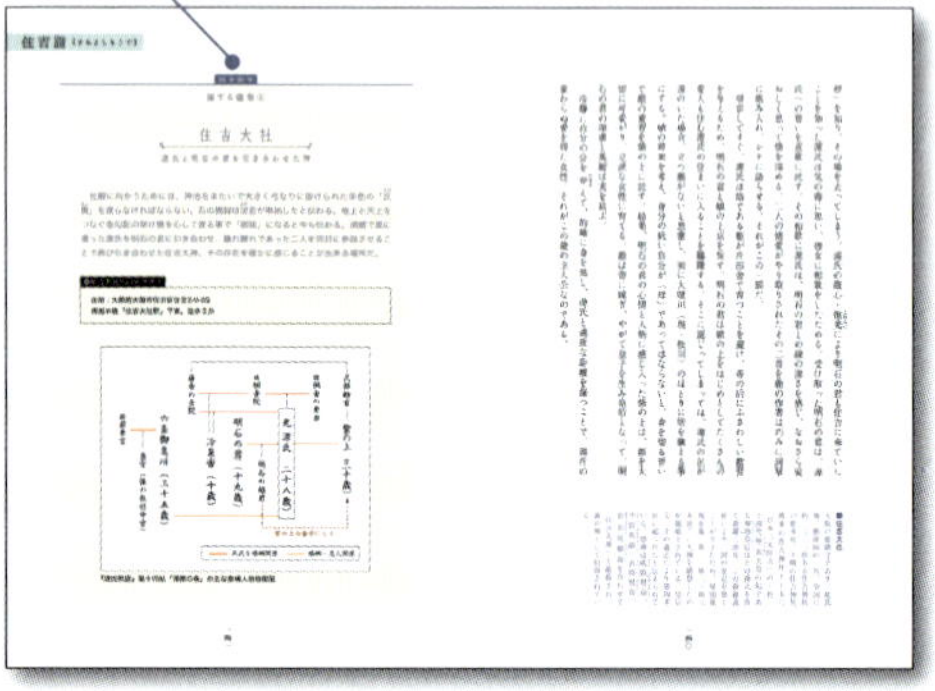

恋する能楽20選

葵上

【あおいのうえ】

「完璧さ」と「危うさ」を合わせ持つ女性、六条御息所の恋。

葵上【あおいのうえ】

❖時……無季
❖場所……京都・左大臣邸
❖曲柄……四番目物
❖登場人物…【前シテ】六条御息所ノ生霊
【後シテ】六条御息所ノ怨霊
【ツレ】照日ノ巫女【ワキ】横川ノ小聖
【ワキツレ】朱雀院ノ臣下
【アイ】臣下ノ家来
❖素材……源氏物語　第九帖「葵の巻」
❖作者……世阿弥（金春禅竹とも）

あらすじ

左大臣の息女で光源氏の正妻・葵上*（舞台正先に置かれた小袖）は、物の怪*に悩まされ病床に臥せっていた。名高い祈祷師や高僧を召して秘伝の加持祈祷を行っても、あらゆる医術を施しても効き目がなく、宮中では葵上の様子を心配していた。朱雀院に仕える臣下（ワキツレ）は憑き物の正体を明かそうと、梓弓によって霊を呼ぶ照日の巫女（ツレ）を左大臣邸に招く。命を受けた巫女が呪文を唱えながら梓の弓の弦を鳴らし始めると、その音にひかれて美しい高貴な女人の生《いき》霊《りょう》（前シテ）が粗末な破《や》れ車に乗って現れる。巫女と臣下がもしやとその正体を思い巡らす中、生霊は、自分こそ光源氏の恋人・六条御息所《ろくじょうのみやすどころ》*だと名乗る。御息所は、東宮妃として宮中で華やかに暮らしていたことを懐かしみ、後に未亡人なって源氏と契りを結ぶようになったが今は儚《はかな》くもその愛を失ってしまった事や、賀茂祭*で葵上の一行に受けた「車争い」の屈辱について語り、その深い悲しみと恨みのあまり激昂し、病床の葵上を打ち据える。そして苦しむ葵上を破れ車に乗せて連れ去ろうとする。【中入】

葵上に憑りつく御息所の勢いに、臣下は修験者・横《よ》川《かわ》の小聖《こひじり》（ワキ）でなければ鎮められないと家来（アイ）を使いに立て、祈祷の依頼をする。早速、横川の小聖が悪霊退散の加持祈祷を行うと、御息所の心に巣くっている嫉妬の気持ちが自身を変化させ、鬼女（後シテ）となって姿を現す。形相凄まじく小聖に襲いかかるが、激しい攻防の末に調伏され、鬼と化していた御息所の魂は和らぎ、やがて現れた菩薩によって御息所の怨霊は成仏するのであった。

《写真》「葵上」前シテ・六条御息所の生霊

恋する詞章

思ひ知れ。恨めしの心や、あら恨めしの心や。人の恨みの深くして。憂き音《ね》に泣かせ給《たも》ふとも。生きてこの世にましまさば。水暗き澤邊《さわべ》の蛍の影よりも光君とぞ契らん。わらはは蓬生《よもぎう》の。もとあらざりし身となりて。葉末《はずえ》の露と消えもせば。それさへ殊に恨めしや。

意訳

（葵上こそ）思い知るがいい。私の（賀茂祭の日の）恨み（と受けた哀しみ）を。なんと恨めしいことか。わたくしがあなたを深く恨んで（憑りつき）、今あなたが苦しみ悲しんで声をあげて泣こうとも、生きているかぎりは光君から愛を得て、それが絶える事はないでしょう。それに引き換えわたくしは（光君と愛し合ったことなど）何もなかったかのように他人同然の身となって、（このまま）葉の上の露のように儚く消えてしまうとしたら…そう思えばなおの事、あなたが恨めしい。

解説

例えば愛する男に他にも女がいた場合、何故か女は裏切られた怒りの矛先を男に向けずに、相手の女を目の敵にしてしまう。嫉妬という感情に心は覆い尽くされ、ひたすら、ただひたすら相手の女の排除を願い、そして恨む。冷静に考えてみれば、悪いのは多情な男。諍《いさか》いの原因の全ては、自分本位で残酷な男の「わがまま」の仕業であるのに。

六条御息所《ろくじょうのみやすどころ》は大臣の娘にして前東宮妃(東宮=皇太子)。申し分のない家柄で教養も高く、センスもあって当然のように美しい。夫に先立たれるというこの上ない哀しい経験は御息所に独特の憂いを纏わせ、一層魅力的な「完璧な女性」にしただろう。稀代のプレイボーイ・光源氏がそんな大人の女性に憧れ、その心を得たいと考えるのは当然のこと。御息所はなかなか靡《なび》かなかったが、源氏は若さと情熱に任せてその思いを遂げてしまう。一転、今度は御息所の方が年下の男・源氏との恋に翻弄され囚われていく。誰もが憧れる完璧であった自分が嫉妬や寂しさに苛《さいな》まれ、こんなにも苦しんでいる。御息所にとって、それを人がどう噂するかを考えるだけでも、辛く耐えられない事であったであろう。

源氏を独占できず満たされない御息所の「負の心」は、「車争い」の事件を契機に源氏の正妻・葵上に対する恨みとなって向けられていく。鬼と化してしまう程の「嫉妬の心」を描いたのが右の詞章であり、この能だ。慎み深くあれという年上の大人としての「分別」。

■御息所《みやすどころ／みやすんどころ》
天皇の後宮の特定の位ではなく、皇子や皇女を産んだ女御や更衣に対する敬称。
→「六条御息所」は一一五頁参照。

■葵上《あおいのうえ》
『源氏物語』に登場する女君。父は桐壺帝(源氏の父)の御代の左大臣。母は桐壺帝の妹の大宮。同腹の兄弟に頭中将。当初東宮(朱雀帝・源氏の兄)の妃にと希望されていたが、源氏の最初の正妻となる。四歳年下の夫に打ち解けられず、十年後にようやく懐妊。物の怪に憑りつかれるが無事に夕霧を出産。源氏とも夫婦の情愛が通い合うが、容態が急変し呆気なく他界する。
→相関図二一頁参照。

そして気高くあるべきだという「自尊心」。一方では燃えるような源氏への「深い情」とそこから生まれる葵上への「嫉妬と恨み」。御息所の心がきしむ音が聞こえてくるようだ。相反する感情がその心を引き裂き、御息所の魂は、生霊《いきりょう》（物《もの》の怪《け》）となってしまう。ある意味、正直な恋する女の姿がある。愛おしささえ感じる程だ。

御息所は「完璧さ」と「危さ」を合わせ持つ女性。シテを演じる役者は鬼女でありながら、高貴さをも損なわない美しい動きが求められる。物の怪になってまで源氏が愛する女性たちの命を脅かす彼女の姿は、遠い異次元の存在のようであり、一方で女性にとっては自分の心の奥底にある闇を体現しているような近い存在でもある。『源氏物語』が持つ物語の魅力は御息所の存在なくしては、成立しない。無論この曲もである。

上村松園筆「焔《ほのお》」（東京国立博物館蔵）
上村松園は趣味として謡曲を嗜み、能の曲を題材とした作品が多数ある。
Image: TNM Image Archives

■物《もの》の怪《け》
日本の古典や民間信仰において、人に憑いて祟りをなす怨霊、死霊、もしくは生霊。（病や死に至らしめる。）

■賀茂祭《かものまつり》
京都市の賀茂御祖神社（下鴨神社）と賀茂別雷神社（上賀茂神社）で五月十五日（陰暦四月の中頃）に行われる例祭。江戸時代に祭が再興され、当日の内裏宸殿の御簾をはじめ、牛車（御所車）、勅使、供奉者の衣冠、牛馬にいたるまで、すべて「葵の葉」で飾るようになり、「葵祭」とも呼ばれるようになった。

■斎院《さいいん》
平安時代から鎌倉時代において、賀茂御祖神社（下鴨神社）と賀茂別雷神社（上賀茂神社）の両賀茂神社に奉仕した未婚の内親王、または女王。賀茂祭では斎院禊など重要な役割を果たした。

memo

能楽豆知識①

車争い

御息所の物の怪が葵上を襲った訳は。

賀茂祭で斎院*の禊《みそぎ》を行う日の行列は容姿端麗な公達《きんだち》がお供をする事になっており、その中に源氏も選ばれたということで、六条御息所は恋人の晴姿を一目見ようと車を出して見物に出掛ける。しかし源氏の正妻・葵上の車と鉢合わせし、見物の場所をめぐって下人たちが諍いを始め、御息所の車は大破。奥へ押しのけられ、見物人であふれる一条大路で恥をかかされた上、現在の自分が源氏のあくまで「愛人」である事を思い知らされる。大臣の息女で前東宮妃である御息所にとってこれは耐え難い屈辱であり、この後、さらに葵上を深く恨むこととなる。

御息所が主人公となる能、「葵上」、「野宮」でも、この事件はシテの心情とそこから派生する曲の内容、構成、演出に大きく影響している。

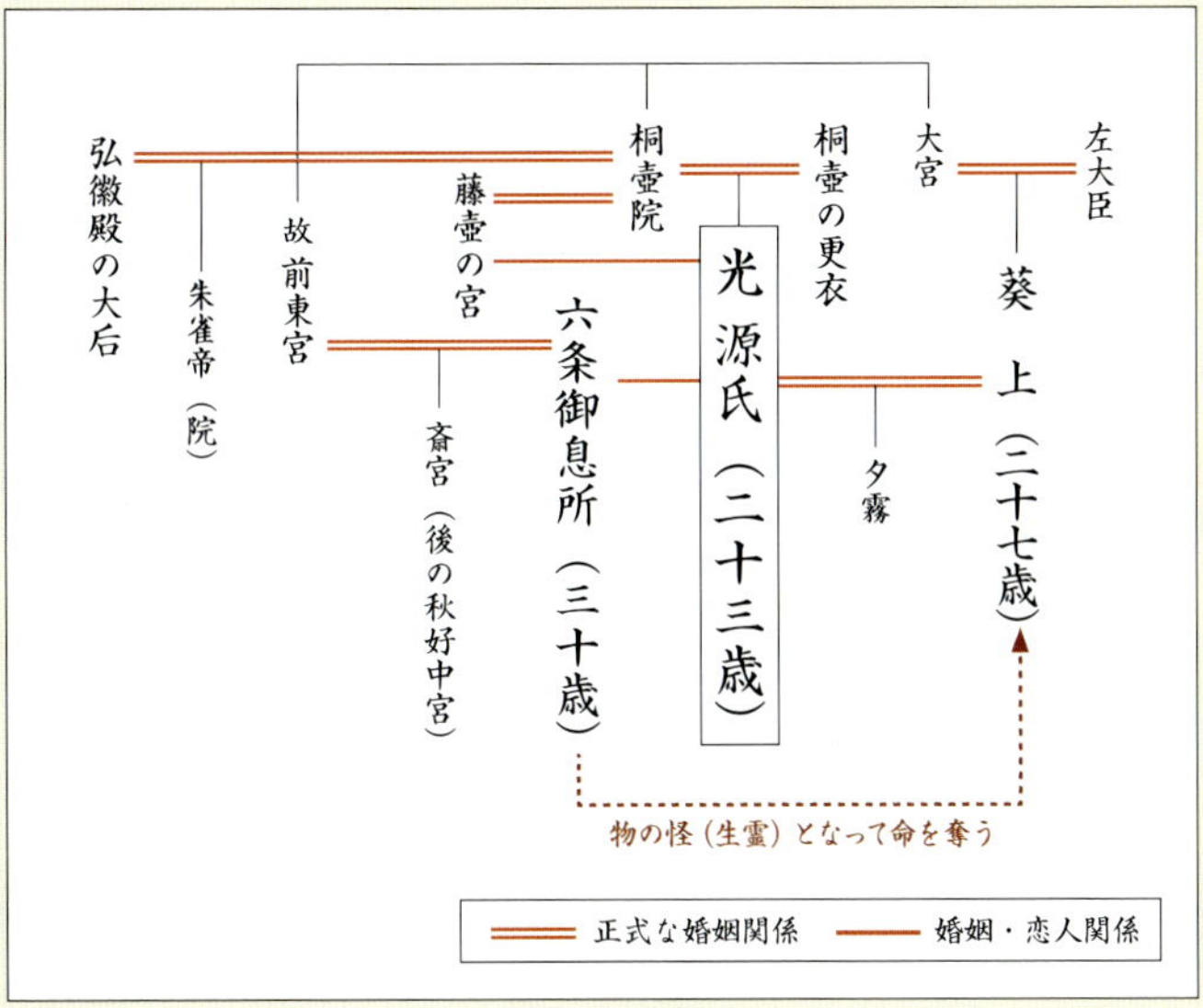

『源氏物語』第九帖「葵の巻」の主な登場人物の相関図

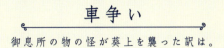

column
能と古典文学①

源氏物語

能の出典となる『源氏物語』・『平家物語』・『伊勢物語』など、古典文学を知ることは、能の物語をさらに深く理解する事に繋がり、逆に能を鑑賞することによって、古典文学がそれぞれに持つ世界観をさらに深く感じることができる。古典文学も能も「メイド・イン・ジャパン」。「知る」という事と「感じる」という事、その相互作用によって知的好奇心がふつふつと湧いてくる「快感」を体感して下さい。

『源氏物語』は紫式部が著した、平安時代に成立した王朝文学で、「日本文学史上最高の傑作」とされている。天皇の子として生まれ、類いまれな容姿と才能に恵まれた主人公・光源氏の栄華と挫折と苦悩、そしてその子孫の人生が描かれる。また源氏の様々な恋愛模様を描いた恋愛百科という側面を楽しむ事もできる。

この物語に登場する人物を主人公として創作された能の現行曲は観世流において主に八曲。本書で紹介した曲（「葵上」「半蔀」「野宮」「住吉詣」）の他に左記の四曲がある。『源氏物語』が登場して約千年。能楽が大成して約六五〇年。日本の文化を彩るこの二つが相まって成立した曲に日本人として何を感じることができるか、焦点を当て鑑賞してみるのも一つの醍醐味だ。

夕顔《ゆうがお》《夕顔の巻より》

主人公：夕顔　季節：秋・九月

都を訪れた旅僧は、五条辺りの廃院で一人の女性に出会う。ここは光源氏と夕顔の君が忍び逢った旧跡で、夕顔はその逢瀬の途中、物の怪に憑かれて急死したのだと語ると、女は消え失せてしまう。夕顔の君の霊である女は再び姿を見せ、源氏との昔を懐かしみ、美しく舞うのであった。

須磨源氏《すまげんじ》《須磨・明石の巻より》

主人公：光源氏　季節：春・三月

宮崎の社人、藤原興範が伊勢参宮の途上、須磨の浦で一人の老人に会い、光源氏の故事を聴く。老人は源氏の物語を詳しく語り、我こそは『源氏物語』の主人公であると言って姿を消す。清らかな月の夜、在りし日の美しい姿の光源氏の霊が現れ、典雅な青海波を舞い、夜明けともに消えていく。

玉鬘《たまかづら》《玉鬘の巻より》

主人公：玉鬘　季節：秋・九月

初瀬に詣でる僧が小さな舟に乗った女に出会う。女は僧を二本の杉まで案内し、玉鬘内侍の事を詳しく語る。実は我こそ玉鬘の霊と名乗り、消え失せる。僧が弔っていると、乱れ髪を戴いた玉鬘の霊が現れ、悩み多い昔を懺悔し、仏の教えにすがり成仏したとみるや、僧は夢から覚めるのであった。

浮舟《うきふね》《宇治十帖・浮舟の巻より》

主人公：浮舟　季節：無季

旅僧が宇治の里で、一人の女に出会う。ここは昔、薫の中将と匂宮の二人の公達に愛され、悩んだ末に入水した浮舟が住んでいた所だと女は語る。実は自分こそ浮舟の霊だと僧に明かし、回向を求め姿を消す。再び現れた浮舟の霊は恋ゆえに物の怪に憑かれた様を見せ、横川の僧都に救われた顛末を語る。

戀重荷

【こいのおもに】

「重荷」の重さは「叶わぬ恋」の重さか。
年老いた男を虜にした恋の顚末。

戀重荷【こいのおもに】

❖時……秋・九月
❖場所……京都・御所内（現・京都市上京区）
❖曲柄……四番目物
❖登場人物…【前シテ】山科荘司【後シテ】山科荘司ノ怨霊【ツレ】女御【ワキ】臣下【アイ】下人
❖素材……不詳。平判官康頼の宝物集にある説話という説あり。
❖作者……世阿弥

あらすじ

白河院*は菊をこよなく愛し、毎年多くの菊を植えて育てておられた。その庭に山科荘司《やましなのしょうじ》（前シテ）という菊守をする老人がいた。ある時、白河院の女御《にょうご》*の姿を目にし、以来、荘司は恋の虜になってしまう。もう一度その姿を拝みたいと願うが、身分の低い荘司には叶うはずもない。荘司の「恋」を聞き知った女御は、その思いをあきらめさせようと一計を案じる。臣下（ワキ）は荘司を呼び出し、女御の旨を伝える。それは、美しい錦《にしき》で包み、「恋重荷」と名付けた荷を持って庭を百度も千度も廻ったならば、その間に自ら姿を見せようというものだった。荘司は「賤しいこの身に力仕事は似合いの事。さほど難しい事ではない。」とわずかな望みを持つ。支度を整えると、精魂かけて重荷を持ち上げようとする。しかし荷は一向に持ち上がらない。女御に想いの深さを示す為にもと、何度となく試みるが叶わず、ついに力尽きてしまう。荘司は、これこそ叶わぬ恋に堕ちてしまった自業自得と憤りながらも、女御の仕打ちを恨み、自ら命を絶つのだった。【中入】

下人（アイ）から事の顚末《てんまつ》を聞いた臣下は荘司に心を寄せて悲しみ、女御（ツレ）にその次第を告げに行く。そして、こうした者の一念は恐ろしいから一目でも御覧頂けないかと進言する。さすがに哀れと思った女御は庭に赴き、荘司の死を悼《いた》む。しかし重荷の側に行くと、重い石を乗せられたように動けなくなってしまう。そこへ恨みの鬼となった荘司の怨霊（後シテ）が現れ、女御に恨みを述べ、地獄で苦しんでいると語って激しく責め立てる。しかしその後、心が和らいだ荘司は、自分の後世を弔うならば恨みはせずに女御の守り神になろうと言って去っていく。

《写真》「戀重荷」後シテ・山科荘司の怨霊

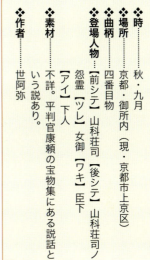

恋する詞章

それ及《およ》び難《がた》きは高き山。思《おも》ひの深きは渡《わた》津海《づみ》の如《ごと》し。いづれ以《も》ってたやすからんや。げに心さへ軽《かろ》き身の。塵《ちり》の浮世《うきよ》にながらへて。由《よし》なく物を思《おも》ふかな。

意訳

私の恋が及び難いのは高い山の登り難いがごとく、思いの深さは海の底の深さのようなものだ。思いを遂げることも難しく、諦めることも出来そうにない。身も賤しく思慮も浅い身が、この憂き世に無意味に生きながらえて無益に物思いをすることよ。

解説

歳の差があろうが、育った環境が違おうが、恋に堕ちてしまったら関係ない。その人を取り巻く生まれながらの「条件」が、その恋路を隔てることはまずない。情熱さえあれば、大抵の事は乗り越えられる。今の日本ではそうかもしれない。しかし、昔は「身分」とか「年齢」、「血縁」という条件はとても重要だった。それゆえに、恋する相手に思いを伝える術もなく、望みも全くなく、決して叶う事のない「片思い」に涙し途方に暮れる、そういう恋がいくつもあった。互いの距離は、一生近づくことなどない。永遠に交わる事のない平行線の哀しさ。ところが恋とは厄介なもの。叶わぬ恋ほど想いは深くなって降り積もり、淵となる。「あきらめなくては」、「無意味だ」と頭では解っていてもままならぬ自分の心。恋に心が囚われ、その恋の「重さ」がのしかかる。自らを死に向かわせる程に。

御所の御庭の菊の下葉を取る年老いた庭掃男が、若く高貴な女御に恋をする。初めは身分の差を弁《わきま》え、叶わぬ事と十分心得ていた。しかし、重い岩なる「重荷」を持って庭を百度・千度持ち歩くならば姿を見せようという女御の言葉が伝わってくると、老人は「恋」に迷い、もう自らを止める事ができない。どんなに重い荷であろうと、その荷を背負おうとせずにはいられない。季節外れに咲く徒花《あだばな》のような恋が、ほんの一瞬情熱的な異彩を放つ。そんなシテの姿が、観る者の心に「恋する痛み」を呼び覚ます。右の詞章は恋に囚わ

■白河院《しらかわいん》
第七十二代・白河天皇。平安時代・一〇七二年より在位十四年で譲位するが、上皇となって「院政」を開始。以後、堀河・鳥羽・崇徳の三代、四十年にわたり政治の実権を握る。妻・中宮賢子との仲は非常に睦まじかったが、賢子の死後は、多くの女性と関係を持ち、その女性を次々に寵臣に与えた。これが崇徳天皇や平清盛が「白河院の御落胤」と噂される原因となった。

■女御《にょうご》
天皇の後宮の位の一つ。天皇の寝所に侍した女性の称。皇后・中宮の下、更衣の上の格。多くは摂関など名家の子女から選ばれる。人数は不定。平安時代中期以降、女御から皇后を立てるのが例となった。

れてしまった自らを嘆く言葉である。曲中、この詞章の他でも「由《よし》なし」という表現が繰り返される。この恋は「無意味だ」と思いながらも、恋道から抜け出すことが出来ない苦しみ。歳を重ねているからこそだろうか。シテは自分の恋を客観的にみて、どこか達観しているようにも感じる。

結局「重荷」はあまりに重く、容易に持ち上がるはずもない。「重荷」の重さは、叶わぬ恋の重さ。老人は「身の程」という切ない現実を思い知らされ、自分を弄んだ女御を恨みながら、命を絶つ。

女御は「老人の思いを留まらせるため」と言いながら、重荷を持ち上げれば「姿を見せる」とほのめかした。それは老人を翻弄するつもりだったのだろうか。女御は白河院の寵妃。高貴な身分である。身の回りには全てのものが調えられ、欲しいものは欲しいと思う前に目の前に用意されている。「表面的には」満たされた空間の中で生きてきた女性だ。人の心の内など、まして低い身分の者の恋心など察する必要がない。あきらめさせるための「深い思慮」というよりは、無心に近い「遊び心」に過ぎなかったのではないだろうか。ところが老人の死によって、女御はその心を突き動かされる。「わが中空《なかぞら》になすな恋。恋には人の死なぬものかは。（はずみで恋をしてはいけない。恋の為に人は死ぬことがあるのだから）」とそこではじめて「恋」の恐ろしさを知り、老人の想いの深さと重さに気がつく。しかし、だからといって、老人と女御の心の距離が近づいた訳では決してない。

戀重荷【こいのおもに】

手に入らないものを欲する事の浅ましさを心得ている老人と、何かを欲するという感情や相手を求めてやまない恋の激しさを全く知らずにいた高貴な女御。両者の間には身分や年齢という単純な言葉では言い尽くせない深い隔たりがある。そんなことをやんわりと思い知らされる曲でもあり、観た者の心にも、何かが重くのしかかる。

「戀重荷」前シテ・山科荘司

班女

【はんじょ】

遊女・花子の一途な恋心。
純粋な思いだけが、神をも動かす。

班女【はんじょ】

❖時……秋・七月
❖場所……【前場】美濃国 野上宿（現・岐阜県不破郡関ヶ原町野上）
【後場】京都・糺ノ森（現・京都府京都市左京区下鴨泉川町・下鴨神社）
❖曲柄……四番目物
❖登場人物…【前シテ】花子（遊女）
【後シテ】花子（狂女）【ワキ】吉田少将
【ワキツレ】従者【アイ】野上宿の長
❖素材……班捷妤《はんしょうじょ》の故事
❖作者……世阿弥

あらすじ

美濃国野上《のがみ》宿の遊女・花子（前シテ）は、東国へ下る折に宿に立ち寄った吉田少将《よしだのしょうしょう》と深く契りを結ぶ。離れ難く思った二人は、互いの扇を取り交わし将来を約束して別れる。それ以来、花子は少将を想って毎日ただ扇を眺めて暮らし、恋慕のあまり心ここにあらずの様子。その有様から花子は「班女《はんじょ》」＊とあだ名されるようになる。客から声がかかっても宴席の勤めに出ない花子を、野上の宿の女主人（アイ）は苦々しく思い、ついには怒って宿から追い出してしまう。【中入】

東国からの帰途、吉田少将（ワキ）は再び野上の宿を訪れるが、花子が女主人と仲違いをし、既にいない事を知る。失意のうちに京の都へ帰った少将は、離れ離れになった恋人を引き合わせ男女の愛を守るという糺《ただす》の森の下賀茂《しもがも》神社＊（現・下鴨神社）に参詣する。

一方、花子（後シテ）は、少将に恋焦がれるあまり物狂い（狂女）＊となり、偶然にも下賀茂神社へやってくる。恋の願いを叶え給えと神に祈る班女に、少将の従者（ワキツレ）が声をかけ、面白く狂って見せよという、その心ない言葉に誘われるように、女は心を乱す。少将と取り交わした形見の扇を手に、あてにならない少将の言葉を嘆き、独り身の寂しさを訴えながら舞を舞う。それを見ていた少将は女の持つ扇が気になり、従者を通じて女に扇を見せるように頼む。女はこれは大切な方の形見だからと言って断るが、少将が自らの扇を取り出して見せると女はようやく悟る。少将と花子は互いに扇を見せ合い、捜し求めていた恋人であることを確かめて、再会を喜ぶのであった。

《写真》「班女」後シテ・花子

恋する詞章

げにや祈りつつ御手洗川《みたらしがわ》に戀《こい》せじと。誰《たれ》か言《い》ひけん虚言《そらごと》や。されば人心。誠《まこと》少なき濁江《にごりえ》の。澄《す》まで頼まば神とても受け給《たま》はぬは理《ことわり》や。

意訳

御手洗川に身を清めて神に祈り「もう恋はするまい」とは誰が言ったのでしょう。二度と恋をしないと誓っても、それは虚言。誠の心からではない頼み事を神が叶えないのは道理というものです。（そんな嘘を頼むよりも、「恋を叶えて下さい」という澄んだ誠の心で頼めば、神も受け入れて下さるのに。）

班女【はんじょ】

解説

恋ほど不確かなものはない。どちらがどれほど深く思っているか、互いの心の中を見ることはできない。今日、どんなに愛の言葉を囁《ささや》き合ったとしても、明日もまた、互いが同じ気持ちである保障など何もない。ほんの些細《ささい》なきっかけで、人の心は変わってしまう。夏が秋へと季節が変わるように、月が満ちて欠けていくように、移ろうものだ。離れてしまえば、なおの事。確信にも近かった「信じる気持ち」は日ごとに不安に変わる。切ないことにその不安が、さらに恋慕の情を生み、朝夕構いなく心を支配し続ける。しかし、例え報われなくても「愛する人をひたすら思う」というその純粋な心が、時として神をも動かす事がある。恋する力の「奇跡」を思い知らされる瞬間がある。だからこそ人は奇跡を信じ、恋をあきらめきれないとも言えるが。

この曲は貴族・吉田少将と美濃・野上《のがみ》宿の遊女・花子（班女）という身分差のある二人の恋を描く。再会を約束して互いの「扇」を取り交わすが、少将は現れない。恋焦がれるあまり花子は狂女となってさまよい歩き、京の都に辿り着く。そして糺《ただす》の下賀茂神社にひたすら祈願を捧げる。「恋せじと御手洗川《みたらしがわ》にせしみそぎ、神はうけずぞなりにけらしも（恋をしないと神に誓って禊《みそぎ》までしたのに、神が受けてくれなかったか、また恋に落ちてしまいました）《古今集》」という歌を引き、花子が純粋に恋する事の大切さ語るのがこの

■班女《はんじょ》
班氏の娘・班婕妤《はんしょうじょ》を指す。前漢の成帝の寵愛を得るが、趙飛燕《ちょうひえん》にその座を奪われる。その身を夏には愛でられたが秋には捨てられる扇になぞらえて、『怨歌行』という詩を作ったという故事から、捨てられた女の事を「秋の扇」と呼び、扇ばかり眺めている花子（前シテ）をそうあだ名した。

■狂女《きょうじょ》
能では愛する男や子供と離れてしまい、探し求めて心が乱れた女性のことをいう。感情の振れ幅が普通の人よりも激しくテンションが高い様子。子や男と再会を果たすことで狂気から覚める。その様を表現するため、笹（狂女笹《きょうじょざさ》）を持って、「肩脱ギ」といって装束を右肩だけ脱いだ状態で現れる事が多い。

詞章だ。「誠《まこと》の道に叶《かな》ひなば。祈らずとても。神や守らん我等《われら》まで。真如《しんにょ》の月は雲らじを。（心だけでも誠の道にかなっていれば神は守って下さるのだ。私達までも。真理の光に輝く月は曇らない）」と謡《うたい》は続く。花子の恋愛観といってもいいだろう。ここで表現される「真如の月」は、花子が持つ少将の扇に描かれた絵が「月」であることから、「月が曇らぬように、少将の心もまた曇らない、曇るはずがない」と語っているのだ。

能において、恋慕は「執心」「妄執」ととられるが、この曲は違う。相手を強く想う「純粋な恋心」は神仏をも動かし、神に肯定され、神によって成就する。秋には捨てられてしまうという「扇」が曲のキーワードとなり、報われない恋の切なさと秋という季節の寂寥感が終始観客の心を覆うが、少将と花子が結ばれる瞬間には、ほんのりと温かいものが満ちる。そして温かい心のまま家路に着くことができる。印象深い舞台の余韻を楽しむ、そんな帰り道ほど贅沢な時間はない。

■下鴨神社《しもがもじんじゃ》

正式には賀茂御祖《かもみおや》神社。平安期以前の創祀で京都最古の社の一つ。祭神は賀茂建《かもたけ》角身命《つぬみのみこと》と玉依媛命《たまよりひめのみこと》。玉依媛命が鴨川で上流より流れてきた丹塗りの矢を拾い、床に置いたところ矢は美しい男神となり、姫は懐妊して賀茂別雷大神《かもわけいかづちのおおかみ》を生んだという神話が伝えられている事から、縁結、子育ての神として信仰されている。他に「相生の社」「連理の榊」など縁結びスポットも有名。「葵祭」が催されることでも知られている。

memo

能楽豆知識②

「班女」の後日譚

能でも。歌舞伎でも。広がる「班女」の世界。

能「班女」の物語の後日譚として能「隅田川《すみだがわ》」、そして狂言には「花子《はなご》」という作品があり、「隅田川物」として文楽、歌舞伎等に派生して一大系統が築き上げられ、芸術作品として高い評価を得ている。下記の二作品が「後日譚」であるとするのはあくまで一説に過ぎないが、能でも歌舞伎でも鑑賞する折の「楽しみ方の豆知識」として心得ておくのもよい。

能「隅田川」あらすじ

人買いにさらわれた子供（梅若丸）の行方を捜して母親が東国に下り、隅田川で船に乗る。母親は船頭の話から自分の子供はもはや死に、今日がその命日だと知る。船頭は悲嘆にくれる母親をその子の墓へと案内する。墓前で子供の声を聞き、その幻を見る母親。夜が明けると、そこは草が生茂る墓が残っているだけであった。

◆この物語で描かれる母親は「班女=花子」であり、さらわれた子供（梅若丸）は吉田少将との間になされた子であるとう設定。

狂言「花子」あらすじ

東国でなじみとなった遊女・花子が都を訪ねてくると言うので、妻をまいて逢いに行く夫。しかし夫の嘘は妻の知れるところとなり、嫉妬に怒る妻に夫は逃げ出す。

◆「花子」は実際には登場しない。特に演じるのが難しいと言われている難曲。

「夕顔の扇」（花子から吉田少将へ）

「月の扇」（吉田少将から花子へ）

鐵輪

【かなわ】

憎しみか。恋しさか。
貴船神社に復讐を誓う女の誠の心願とは。

❖時……………秋・九月
❖場所…………【前場】山城国・貴船神社（京都市左京区鞍馬貴船町）
【後場】京都・安倍晴明の屋敷および男の私邸（下京周辺）
❖曲柄…………四番目物
❖登場人物…【前シテ】下京ノ女
【後シテ】鬼女（女ノ生霊）
【ワキ】安倍晴明【ワキツレ】下京ノ男（前天）【アイ】貴船神社ノ杜人（下級神職）
❖素材…………屋代本 平家物語「剣の巻」
❖作者…………不詳（世阿弥とも）

あらすじ

貴船神社に仕える社人（アイ）がある夜、不思議な夢を見る。呪詛のため丑《うし》の刻《こく》参りをする都の女に、神意を伝えよとの事であった。そこで杜人が待っていると、真夜中に女（前シテ）が現れる。自分を捨てた夫への復讐を誓い、毎夜参詣しているのだ。杜人が女に近づき「火を灯した鉄輪《かなわ》*を頂き、顔に丹を塗り、赤い着物を着て、憤りの心を持てば鬼となり、願いが叶うだろう。」と夢で受けた神託を告げるが、女は人ごとのように知らぬふりをする。しかし、女の容貌は奇怪な様子に変わり、杜人は恐ろしくなって逃げ出す。一人になった女は、神託に従い復讐を実行しようと雷雨の中走り去る。【中入】

一方、前夫（ワキツレ）は連夜の悪夢に悩み、陰《おん》陽《みょう》師《じ》・安倍晴明*（ワキ）のもとを訪れる。男を一目見るなり晴明は、女の呪詛により命は今夜限りと言い放つ。命乞いをする男。晴明は供物を用意させて男の私宅に祭壇を設け、呪いを転じるために夫婦の等身大の形代《かたしろ》を飾った。悪霊調伏の祈祷を始めると、外は激しい雷雨となり、神力により鬼に変化《へんげ》した前妻（後シテ）が現れる。鬼女は捨てられた恨みを述べると、後《うわ》妻《なり》の形代の髪を掴み打ちすえ、男の形代にも掴みかかろうとする。しかし晴明が導いた神々に追い立てられ、「また来る。」と不気味な言葉を残して再度の復讐を誓い、姿を消す。

《写真》「鐵輪」後シテ・鬼女

恋する詞章

ある時は戀《こい》しく。又は恨めしく。起きても寝ても忘れぬ思ひの。因果は今ぞと白雪の消えなん命は今宵ぞ。いたはしや。

意訳

（捨てられた今もなお、夫の事が）ある時は恋しく、又ある時は恨めしい。寝ても覚めても頭から離れぬこの苦しい思い。私にそんな思いをさせた報いを今から受ければいい。あなたの命も今宵限り。…御気の毒ですこと…。

鐵輪【かなわ】

解説

人が恋愛に注ぐエネルギーは、その人が味わってきた寂しさの量に比例すると聞いた事がある。能「鐵輪」のシテの女を思う時、いつもこの言葉を思い出す。孤独な心は、情愛への強い渇望を呼び起こすということであろうか。出典である『平家物語』（屋台本）の中には「ある公卿の女」とあり、能では「下京の女」としているが、どんな女だったのであろうかと興味を引く。何か幸の薄い過去を持つ女なのではないか、そんな風に思えてならない。その女が、男と出会い、愛し愛される喜びを知る。今まで感じた事のない幸福感。それは、乾いた草木が水を得るように、女の心を癒したに違いない。しかし、幸せとはそう長くは続かないものだ。夫は心変わりをする。満たされていたのであればなおさら、その愛を失った時の心の喪失感は深く、生じてしまった闇は計り知れない。憎しみか。恋しさか。女は日ごとに募る想いにつき動かされて、貴船神社へ通い、毎夜願をかける。

今も、恋に悩む多くの女性が御利益を頼って願掛けに訪れる京都・貴船神社。さらに山奥の深い緑の中にその奥宮がある。そこには様々な「気」が交錯し、百鬼夜行を避けたくなるような、ただならぬ空気感がある。この奥宮こそが恋多き女として名高い和泉式部が復縁成就を願い、また「下京の女」が男への復讐を願った当時の本宮だ。貴船の神は杜人を通じて女に「鬼となる術」を授け、願いも成就すると告げる。新妻と男の命を奪って復

■**鉄輪**《かなわ》
火鉢や囲炉裏で、鍋や鉄瓶を沸かす時に用いる三本足の鉄製の輪。五徳《ごとく》のこと。

■**安倍晴明**《あべのせいめい》
孝元帝《こうげんてい》の皇子・大彦命《おおびこのみこと》の御後胤と伝わっている。朱雀帝から村上、冷泉、円融、花山、一条の六代の天皇の側近として仕え、数々の功績をたてた天文陰陽博士。陰陽道の祖とされる。中国伝来の陰陽五行説によって天体を観測し、暦を作成するなど科学者的側面を持つ一方、式盤を使って宮中や他国の吉凶を占い、また式神と呼ばれる鬼神を自在に操る呪術師的な面も持っていた。

讐してやろうとする女の強い情念が、貴船の神をも動かしたという事であろうか。ベクトルはマイナスだが、これもまた凄まじい「恋の力」である。鬼に化身した女は、いよいよ男の館にその命を獲りに来る。そして男の傍らで語った言葉がこの一節だ。「鬼になる」と何をも捨てて固めた決意であっても、ふと男への愛しさが蘇ってしまう女心。陰陽師・安倍晴明の策とも知らず、女は男自身だと思い、その形代《かたしろ》に語りかける。その姿はあまりに切ない。

鬼となった女は「また来る」と言い残して去って行き終曲となるが、その後の女はどうしたであろうか。鬼になるくらい狂乱した女が正気を取り戻した時、それもまた哀しい瞬間だ。深く愛した男に鬼となった醜い姿を見られてしまった。それに気がついてしまう。決して見られたくなかったはずだ。女の本当の心願は、男の心を、そして幸せを取り戻す事。しかしそれはどうしても叶わない。ままならない現実が、復讐の鬼とならざるを得なかった程に女と女の心を追い詰めたのだ。しかし、そんな心中は元夫に通じるはずもない。それどころか鬼となった女の姿を目の当たりにし、その心はますます離れていく。同時に本来の女の願いとも、かけ離れていく。正気に戻った時の女の絶望。それを考えると後シテの女の姿が一層切なく深く心に入り込んでくる。

memo

旅する能楽①

貴船神社

今も昔も多くの女性が恋の成就を願う社

曲の詞章を追い、今や難解となってしまった言葉を理解していく事だけが「能を観る」ことではない。見えざるものを無限に想像して、心の中にその曲の世界を創ることがポイントだ。しかし、見た事もないものを「想像する」のは至難の業。どうしても広がらない。だからこそ、日本の津々浦々にある能の舞台である「謡曲史跡」を訪ねて、曲に描かれている景色や建物を体感する事が能を深く楽しむための近道となる。今までの旅とはまったく違う景色が見えてくるはず。旅した場所と所縁がある演目を鑑賞する時、自分の中に広がる曲の世界は、さらに奥行きのある印象深いものとなる。そしてまたその場所にもう一度足を運んでみたくなるから不思議だ。

恋多き女として知られる和泉式部も夫の心変わりに胸を痛め、復縁を願って自らの心を癒そうと貴船神社に参詣したという。今も多くの女性が恋の成就を願って訪れる。近年本宮も奥宮も建て替えや解体修理が施され、真新しい風情だが、千本杉が導く道は昼でもなお暗く、「鐵輪」の世界を思い起こさせる。

（貴船神社提供）

貴船神社

約1600年前、第18代・反正天皇の御代の創建と伝えられ、初代・神武天皇の母である玉依姫命が国土を潤し民に福運を与えんと黄色の船に乗って現れ、水神をお祀りしたのが創始とされている。貴船神社の名前は、「黄船」に由来。縁結びの神として有名。

〈写真は貴船神社奥宮（貴船神社創建の地）〉

❖貴船神社へのアクセス

住所：京都府京都市左京区鞍馬貴船町180

京阪本線「出町柳駅」から叡山電鉄鞍馬線「貴船口」下車、徒歩30分。バスあり。

鞍馬天狗

【くらまてんぐ】

遮那王に魅《ひ》かれた大天狗の恋。義経の活躍の裏に大天狗の深い愛がある。

鞍馬天狗【くらまてんぐ】

❖時……春・三月
❖場所……【前場】山城国・鞍馬寺（現・京都府京都市左京区鞍馬本町）【後場】鞍馬山僧正が谷の奥
❖曲柄……五番目物
❖登場人物……【前シテ】僧正が谷ノ山伏【後シテ】鞍馬ノ大天狗【前子方】遮那王・花見ノ稚児【後子方】遮那王【ワキ】東谷ノ僧【ワキツレ】従僧【オモアイ】西谷ノ能力【アドアイ】木葉天狗
❖素材……平治物語 巻三、義経記等
❖作者……宮増（世阿弥とも）

あらすじ

春爛漫の鞍馬山。東谷に住む僧（ワキ）が西谷の僧の招きを受け、大勢の稚児（前子方）を伴って桜見物に出掛ける。西谷の能力《のうりき》（オモアイ）が稚児のために小舞を舞っていると、見慣れぬ山伏（前シテ）が来て、どっかりと座り込んでしまう。興ざめした一行は帰ってしまうが、ただ一人残る稚児（前子方）がいた。これこそが源義朝を父、常盤御前を母に持つ遮那王《しゃなおう》*（牛若丸・後の源義経）であった。遮那王は山伏に声をかけ、一緒に花を見ようと誘う。そして先に帰ってしまった稚児たちは、今を時めく平家一門の者で可愛がられているが、源氏の子である我が身は誰からも顧みられることがないと嘆く。その境遇に同情し心惹かれた山伏は、愛宕・高雄・比良・横川《よかわ》・吉野・初瀬と花の名所を案内して周る。遮那王が山伏の慰めに感謝しその名を尋ねると、自分はこの山に住む大天狗であると言い、明日平家を滅ぼすための兵法を授けようと再会を約束して、谷を分け雲を踏み飛び去っていった。

【中入】

翌日、長刀を手に待っていた遮那王（後子方）の前に、大勢の天狗を引き連れて大天狗*（後シテ）が現れる。漢の高祖の臣下・張良の故事を引き、師匠に教えを仰ぐ者の心得を語って聞かせ、続いて兵法の奥義を授ける。そして遮那王が平家を西海に滅ぼす戦功を上げることを予言し、御身を離れず弓矢に力を添えると影身の守護を誓うと、名残りを惜しみつつ姿を消すのであった。

《写真》「鞍馬天狗」後シテ・鞍馬の大天狗

恋する詞章

御物笑《おんものわら》ひの種蒔《たねま》くや。言《こと》の葉《は》しげき戀草《こいぐさ》の。老いをな隔てそ垣穂《かきお》の梅《んめ》、さてこそ花の情《なさけ》なれ。花に三春《さんしゅん》の約《やく》あり。人に一《ひと》夜《よ》を馴《な》れ初《そ》めて。後《のち》いかならんうちつけに心空《そら》に楢柴《ならしば》の。馴《な》れはまさらで戀《こい》の増《ま》さらん悔《くや》しさよ。

意訳

あなたへの恋心を打ち明けるなど、物笑いの種をまくようなもの。きっと葉が生い茂るように噂が広がるだろう。だからといってこの老いた身の恋を分け隔てないでおくれ、美しい梅の花のような君よ。その香りに分け隔てが無いようにそれこそが「花」の情けというもの。花には春になれば必ず咲くという「三春の約」があると言うが、人は一夜を契ったとしてもその後の心変わりは計れない。(私が可憐なあなたともし一夜馴れ初めたらどうなることか。花のような君ならば「約(束)」を守り、確かな事になるだろうかと思い巡って）心はもう宙を彷徨っている。さほど親しくもないのに恋しさが募るとは、(老いたこの身には）悔しいことだ。

鞍馬天狗【くらまてんぐ】

解説

　恋をする心は、年老いることはない。どんなに経験を重ねようが、歳を重ねようが、知識を得ようが、恋する心を止める術《すべ》はないのだ。ほんのささやかなきっかけから瞬く間に恋に堕ち、無力の存在となってしまう。ただ、時を重ねてきた者だけができる「恋」がある。相手に求めることなく、相手を守るような大きな愛に自らの恋を昇華させる、そんな恋だ。

「今日見ずは悔しからまし、花盛り。咲きも残らず、散りもはじめず。」と曲中に謡《うた》われているように、ひとひらの花びらさえ落ちることのない程に桜は雲のように、はたまた珠《たま》のようにたわわに咲く、そんな春爛漫の美しい鞍馬山が、能「鞍馬天狗」の舞台だ。可愛らしい稚児たちが花見をして居並んでいる。その華やかな舞台の空気を一蹴するように、山伏を装った大天狗が現れる。まるで花が散るかのように早々に去ってしまう稚児たち。山伏が自分を嫌っての事だと嘆いていると、一人残った稚児・遮那王（のちの源義経）が優しく言葉をかける。それがきっかけとなって大天狗は、この可憐な少年に一瞬で恋心を抱くようになる。現代のノーマルな男女間の考えでは、なかなか想像しにくいが、当時はあり得る事だった。しかし老落の恋であることに変わりはない。人は計らずも不釣り合いな恋に堕ちるその瞬間、この詞章のようなことを誰しもが考えてしまうのではないか。桜色

■遮那王《しゃなおう》
後の源義経。平安時代末期の武将。源義朝の九男。母は常盤御前。鎌倉幕府を開いた源頼朝の異母弟にあたる。幼名は牛若丸。平治の乱で父は敗戦し謀殺され、一族は離散。義経は鞍馬寺に預けられるが、後に奥州平泉へ下り、藤原秀衡の庇護を受ける。兄・頼朝が平氏打倒の兵を挙げるとそれに馳せ参じ、一の谷、屋島、壇ノ浦の合戦を経て平氏を滅ぼし、最大の功労者となる。しかし、頼朝の許可を得ることなく官位を受けたことや、平氏との戦いにおける独断専行によってその怒りを買い、頼朝と対立し朝敵とされた。難を逃れて再び藤原秀衡を頼ったが秀衡の死後、頼朝の追及を受けた当主・藤原泰衡に攻められ衣川館で自刃する。義経が登場する能は他に「屋島」、「安宅」、「船弁慶」、「正尊」等がある。

につつまれている場面から想像するとそれは「淡い恋心」のように思うが、このたった一詞章を丁寧に読み解くことで、それは鮮やかなまでに覆される。大天狗の恋は狂おしい程に熱く、そして「本気」だ。今自分の心が感じているこの感情は「恋である」ということを認識した途端、あれこれ思いが溢《あふ》れ、相手の心が気になり、その身を案じることを止められない。遮那王の悲しい身の上を聞いた大天狗は、同情も相まってますます彼を愛おしく思うようになる。

大天狗は霊力をもって桜の美しい名所を案内して周り遮那王を慰め、ついには兵法の奥義万般を授ける。「いずれ驕《おご》れる平家を西海に追い下し戦功を立てるだろうから、その時は終始守ろう。影の如く御身を離れず弓矢に力を添えて守ろう。」と誓う。なんと深く大きな愛だろうか。

能「鞍馬天狗」に描かれているのは、鞍馬の大天狗の「霊験なる威容」にとどまることなく、その「恋心」でもあると知るだけで、源義経のその後の活躍を思う時、大天狗の「恋の力」を改めて信じることができる。

■大天狗《だいてんぐ》
強力な神通力を持つとされる天狗。天狗の中でも特に高い鼻を持つため鼻高天狗とも呼ばれる。修験者の中でも驕り高ぶった者が死後大天狗になるといわれ、そのため、他の天狗に比べ強大な力を持つという。山伏装束に高下駄という出で立ちをしており、手にした葉団扇によって強力な颶風《ぐふう》を起こすことができるといわれる。
この能に登場する、僧正坊は京都・鞍馬山の大天狗。日本各地の天狗たちの総領である。
天狗が登場する能は他に、「善界《ぜがい》」、「大会《だいえ》」、「車僧《くるまぞう》」などがある。

memo

旅する能楽②

鞍馬寺

源平合戦のヒーロー・源義経の原点

源義経(遮那王)は幼少期の7歳から16歳まで、鞍馬寺で過ごしたとされる。父・義朝は「平治の乱」に敗れて謀殺され、一族は離散。敵方の平清盛の許しを得て義経は命を奪われずに済んだが、母・常盤御前のもとで成人する事は許されず、出家して僧侶になるために鞍馬山の東光坊に預けられる。この「義経の鞍馬入り」は歴《れっき》とした史実で、鎌倉幕府の正史である『吾妻鏡』にも記されている。

鞍馬山の標高は570メートル。ケーブルカーもあるが、なだらかな山道も楽しい。下の錦絵にもあるように杉の巨木がそびえ、本堂裏山の「木の根道」は昼でも暗く、ひんやりとした空気をたたえて、今にも鞍馬天狗が現れそうな雰囲気だ。

❖鞍馬寺へのアクセス

住所：京都府京都市左京区鞍馬本町1074
京阪本線「出町柳駅」から叡山電鉄鞍馬線「鞍馬駅」下車。鞍馬駅を降りて、徒歩2分ほどで山門に至る。本殿金堂まではケーブルカーあり。帰りは「貴船口駅」を利用するとよい。

作者不明「遮那王に兵法を授ける鞍馬寺大天狗僧正坊」(個人蔵)

吉野静

【よしのしずか】

純粋に、一途に、ひたすらに。
義経を愛する静御前の舞姿。

吉野静【よしのしずか】

❖時……春・三月
❖場所……大和国 吉野山（現・奈良県吉野郡吉野山）
❖曲柄……三番目物
❖登場人物…【シテ】静御前 【ワキ】佐藤忠信
【アイ】衆徒
❖素材……義経記 巻五「静吉野山に捨てらるる事」に着想を得ているが、作者が新しく構想した所が多い。
❖作者……観阿弥か（世阿弥とも）

あらすじ

兄・源頼朝*の怒りに触れてしまった義経は、西国で再起を図るため都落ちし、大和国吉野山に暫《しばら》く身を隠していた。しかし吉野山の衆徒《しゅと》*が心変わりをしたため、義経の一行は吉野山をも落ちなければならなくなってしまう。追手を防ぐため盾となる「防ぎ矢」を仰せつかった義経の忠臣・佐藤忠信*（ワキ）は、武士の誉れとただ一人山に留まる。そして、大講堂で衆徒の詮議があると聞き知ると、都道者《みやこどうしゃ》*に紛れてその衆会の座敷に入る。衆徒（アイ）に問われるままに、噂と称して頼朝と義経の不和がやがて解けるであろうことや、義経主従は勇猛果敢で、十二騎といえども百騎二百騎に相当することなどを語り、衆徒を脅すのであった。

そこに、義経の愛妾・静御前《しずかごぜん》（シテ）が舞装束で現れる。忠信と静は吉野山の山中で出会い、衆徒を欺いて時間を稼ぎ、一行を落ち延びさせようと一計を案じていたのだった。静は忠信の勧めに応じて義経の無事を祈りつつ「法楽の舞」*を舞う。そして、梶原景時*が義経を逆恨みして頼朝に讒言したためこのような憂き目にあったが、やがて疑いは解け、関東は頼朝、関西は義経と兄弟が天下を分けて治めるであろう事、義経に不忠な振舞いをするべきでなく、今義経を討たなくても頼朝の咎めはない事、例え討とうとしても義経配下は猛将揃いで簡単には遂げることはできない事などを語って舞う。衆徒は、義経の武勇に恐れをなし、その舞の面白さに時を過ごし、中には義経を安全に逃がそうと言う者も現れる。ついに一人として義経を追う者はなく、義経一行は無事に落ち延びたのだった。

《写真》「吉野静」シテ・静御前

恋する詞章

しづやしづ。賤《しづ》の苧環《おだまき》。繰りかへし。昔を今に。なす由《よし》もがな。

意訳

私の名前を「静、静」と繰り返し呼んで下さった義経様に今一度会いたい。賤しい女が「賤《しず》」の布を織るために糸を巻く苧環《おだまき》で糸を繰るように、私の名を呼んで下さったあの昔を、懐かしい判官様の時めく世を、そして幸せだった昔を、今に引き戻せたらよいのに。

解説

小悪魔的で多くの男心を手玉にとる女性と、一途で純粋で健気な女性。「どちらが魅力的か」と言えばその答えは老若男女それぞれであろう。むしろコケテッシュな魅力で翻弄する前者の方が、最近の世の中では輝いて映るかもしれない。しかし、「どちらが大切にされるか」と質問を変えると、その答えも変わってくる。当然後者だ。なんだかんだ言っても、男性は一心に自分を信じてくれる人を手放せない。大事にしたくなるものだ。時代を遡ってもそれは不変である。源義経《みなもとのよしつね》最愛の女人・静御前《しずかごぜん》。彼女もそんな女性だ。身の危険を顧みずどんな状況でも気丈に義経を愛し抜く姿が、今に残る物語を通じて男女を問わず多くの人を魅了し続ける。彼女には「傷つくことを厭《いと》わない」、本気の恋に生きる女性の美しさがあるのだ。

静御前が登場する能の曲は、「正尊《しょうぞん》」、「船辨慶《ふなべんけい》」、「二人静《ふたりしずか》」そして「吉野静」の四曲。常に夫・義経のために命をかけて一途に尽くし、また別れの哀しさに浸らなければならない女性として描かれている。

舞台となる吉野山は『吾妻鏡』や『義経記』では（能「二人静」でも）、義経と静の別れの場所であり、静が敵方に捕われてしまう場所だが、この能ではそうは語られてはいない。策略を巡らして愛する人を助ける作者の独創的な「吉野での静」が描かれている。

■**源頼朝《みなもとのよりとも》**
平安時代末期から鎌倉時代初期の武将。鎌倉幕府の初代征夷大将軍。源義朝の三男。妻は北条政子。平治の乱で父が敗戦し謀殺され、一族は離散。頼朝は伊豆・蛭ヶ島へ配流。二十年余りの歳月をこの地で送る。後白河天皇の皇子・以仁王の令旨を受けて、平家打倒の兵を挙げ、鎌倉を本拠として関東を制圧する。その後、源義仲や平氏を倒し、戦功のあった末弟・源義経を追放して力を強め、奥州藤原氏を滅ぼしてついに全国を平定した。

■**衆徒《しゅと》**
平安時代以後に諸大寺に居住して学問・修行の他に運営実務にあたった僧侶身分のこと。後に僧兵をも指すようになる。

■**法楽《ほうらく》の舞《まい》**
神仏に奉納する舞。

今回の詞章は、衆徒の心を削ぐために静が舞を舞う場面のもの。和歌が織り込まれているが、この歌は諸物語では鎌倉・鶴岡八幡宮で静が舞いながら謡《うた》い語る恋歌として描かれる。頼朝・政子夫妻の前でその不興を買うことも覚悟の上で、義経を恋慕う心を隠さない静の凛とした態度が印象に残る名場面だ。

この曲は前述にあげた四曲の中でその成立が最も古い。作者については諸説あるが、曲中、この和歌を挿入することで、源平の物語の始終を既に「よく解っている観客」が、鎌倉での名場面をも想像しながらこの曲を楽しめるように工夫したのかもしれない。そもそも能とはそういうオーディエンスのための演劇だ。「知っていれば」あれこれ気づくことがたくさんあって楽しいが、「知らなければ」解らないことばかりでつまらない。能を観るには「知っていること」、つまりある程度の知識や教養が必要だということなのだ。

平安時代も末期とはいえ、当時のスタンダードはまだまだ通い婚。義経の多くの妻たちはそれぞれの館におり、都にある義経の住まい・堀川の館に同居したのは白拍子《しらびょうし》という身分ゆえ、拠り所のない静御前だけだったという。どんな時も常に義経と共にあった静御前。二人の時間が重なり、絆が深まれば深まる程、皮肉にもやがておとずれる別れは辛いものになる。義経逃亡の時間稼ぎをし、健気に舞う静御前の姿は、彼女のその先の儚《はかな》く辛い運命を知る後世の私たちの目に、あまりにも切なく、そして美しく映る。

■都道者《みやこどうしゃ》
都から大勢で連れ立って神社仏閣を参詣する旅人。

■佐藤忠信《さとうただのぶ》
平安時代末期の武将。兄・継信とともに、奥州出立以来の義経の忠臣。義経の没落期に苦難を共にし、身代わりも務めた。吉野山で義経一行を逃れさせた後、京都に潜伏して義経の行方を求めるが二百人もの敵に囲まれ、義経から下された刀を口に含み自害。佐藤兄弟の事を描いた「忠信」、「攝《せっ》待《たい》」という能がある。

■梶原景時《かじわらかげとき》
平安時代末期から鎌倉時代初期にかけての武将。鎌倉幕府の御家人。石橋山の戦いで源頼朝を救い、頼朝の心を先んじて解し忠実に仕えたため重用される。頼朝が不快に思っていた義経を讒言によって失脚させた。

memo

登場人物考①

静御前

義経を愛し抜く一途な姿が誰をも魅了する。

平安時代末期、鎌倉時代初期の女性。舞の名手と知られた白拍子《しらびょうし》。母は磯禅師《いそのぜんじ》。源義経の愛妾として有名。

日照りの続いたある年、神泉苑での雨乞いで99人の白拍子が舞っても降らなかった雨が、静《しずか》が舞い納めるや降り始めた。後鳥羽天皇より「静こそ、日本一」と舞衣を賜ったという。兄・源頼朝の代官として入京していた義経もその「雨乞いの神事」を見物しており、これが二人の出会いとなったと伝えられている。

源平合戦後、義経は頼朝と対立。頼朝の刺客・土佐坊昌俊《とさのぼうしょうしゅん》が京の義経の館である堀川の館を襲撃するが、静の機転で義経は危いところを免れる。これをきっかけとして二人は相愛の仲になったとされる。その後、義経は頼朝の追討を逃れて都を落ち、静もこれに同行。大物浦から出帆して間もなく船団は嵐に遭難し、岸へ戻され、やむなく一行は吉野山へ向う。その先の峯山は女人禁制のため、静と義経は吉野山で別れることを余儀なくされる。静は山を下る途中で従者に金品を奪われ、さまよい歩いていたところ吉野山の衆徒に捕られてしまう。

この後、静は京の北条時政に引き渡され、母の磯禅師とともに鎌倉に送られる。頼朝の正室・北条政子に舞を所望され、拒み切れずに鶴岡八幡宮で舞を奉納する事になる。八幡宮の回廊に白拍子の装束に身を包み、舞う静の姿は美しく威厳に溢れ、居並ぶ東国の武士たちは見惚れて静まり返った。命を顧みずに義経を慕う歌を謡って、頼朝を激怒させるが、妻の北条政子が取り成し、静の命を助けた。この時静は義経の子を身籠っており、3か月後に生まれた子は男子だったため、母である磯禅師が取り上げて、赤子は由比ヶ浜に沈められた。静と磯禅師は京に帰されたが静のその後は不明。

上村松園筆「静」(東京国立近代美術館蔵、部分)
Photo: MOMAT/DNPartcom、撮影 ©半田九清堂

千手

【せんじゅ】

「死を待つ男」との恋。
愛されるより愛する事を選んだ千手の前。

千手【せんじゅ】

❖時……春・三月
❖場所……相模国　鎌倉（現・神奈川県鎌倉市）
❖曲柄……三番目物
❖登場人物…【シテ】千手ノ前【ワキ】狩野介宗茂
【ツレ】平重衡
❖素材……平家物語　巻十、吾妻鏡
❖作者……金春禅竹

あらすじ

平清盛の五男・平重衡《たいらのしげひら》*（ツレ）は、一の谷の合戦*に敗れて生捕られ、源頼朝の家臣・狩野介宗茂《かののすけむねもち》（ワキ）のもとで、幽囚の身となり世の無常を嘆いていた。頼朝は、朝敵とはいえこの若く凛々しい平家の御曹子に少なからず同情し、春の雨の徒然《つれづれ》を慰めようと重衡を気遣って、自分の侍女・千手《せんじゅ》の前（シテ）を遣わす。宗茂の館に千手が琵琶と琴を携えて訪れる。千手との対面を一度は断る重衡であったが、頼朝の意向で参じた旨を聞き、千手を招き入れることにする。重衡は千手を通じて頼朝に願い出ていた出家の許しが叶うかその如何を尋ねるが、聞き入れられないことを知らされると、これも父・清盛の命によって南都（奈良）の仏寺を焼いた罪業（南都の焼討*）の報いかと嘆く。心優しい千手は重衡の心中を思いやる。慰めにと宗茂は酒席をしつらえ、重衡が盃を手にすると千手は酒の酌をして朗詠を詠じる。そして白拍子舞を舞い、「（私の名にある）千手と言えば、千手観音は枯れ木に花を咲かせる程の御利益がある仏様。さらに舞を続けてご利益を願いましょう。」とさらに重衡を慰めた。重衡も興に乗じて琵琶を弾くと、千手も琴を合わせ、束の間の小宴が続くのだった。ほんのひととき仮寝をしていると二人の夢も程なく醒めて夜が明けた。重衡は勅命によってまた都へ送り帰されることになり、鎌倉を出立する。涙ながらにその姿を見送る千手。契りを結んだ事をかえって後悔するほど、二人の別れは悲しいものとなった。

《写真》「千手」シテ・千手の前

恋する詞章

その時千手立ち寄りて。妻戸《つまど》をきり、と押し開く。御簾《みす》の追風匂《おいかぜにお》ひ来《く》る。花の都《みやこ》人《びと》に。恥かしながら見《み》えん。げにや東《あずま》の果《はて》しまで。人の心の奥深き。その情《なさけ》こそ都なれ。花の春紅葉の秋。誰《た》が思ひ出となりぬらん。

意訳

その時千手は立ち寄って、妻戸（両開きの戸）をきりりと押し開いた。すると重衡《しげひら》の衣に薫きしめられた香りが御《み》簾《す》の内から漂い、（千手を）包む。田舎育ちの私で恥ずかしいことですが、花の都人に御目にかかります。ほんとうに東国の果ての者で、風雅な心はありませんが、深い情はございます。情が深いことこそ、まことの都人というべきもの。都の春の花や秋の紅葉など風雅なことは、もはや悲しい思い出。今となっては、どなたが重衡様の心に残る思い出となることができましょう。（それは深き情を持つこの私です。そうなれたら嬉しいですが。）

解説

人はほんの僅《わず》かなきっかけで、ほんの僅《わず》かな間にたちまち恋に堕ちてしまうことがある。そしてその恋が生涯忘れる事の出来ない「無二の恋」となることがある。たとえ愛する人が「間もなく死ななければならない」運命《さだめ》にあるとしても。たとえ後朝《きぬぎぬ》の別れが今生の別れになるとわかっていたとしても。深まる情をもはや止めることはできない。

一の谷の戦いで平家は源範頼《みなもとののりより》・義経軍に大敗。負け知らずの武勇を誇った平重衡も愛馬を射られて、自ら死ぬことも叶わずに捕られてしまう。屈辱の中で護送され、鎌倉で源頼朝と引見。重衡の臆する事のない堂々とした様に頼朝をはじめ一同は感服する。頼朝は家臣の狩野介宗茂に重衡を丁重にもてなすように命じ、そして自らの侍女であった「千手の前」を重衡に遣わす。

この詞章は、千手の前が恋に堕ちた瞬間を語っている。千手の前は重衡の最後の願いは「出家すること」であると聞かされて知っていた。それすらも許されず、いつ殺されるかわからない、死を待つばかりの重衡の境遇。それでもなお、香をたしなむ重衡の都人然とした奥ゆかしい佇まいに千手の前は心を奪われる。「死を覚悟した」重衡は、相反する「強さ」と「儚《はかな》さ」を漂わせ、さらに魅力的だったに違いない。明日の朝、別れの時がこようとも、短い間であっても心を尽くしたいと願う千手の前の純粋さと「深い情」が心を打つ。

■平重衡《たいらのしげひら》
平安時代末期の平家の武将・公卿。平清盛の五男。母は清盛の正室・時子。正妻は藤原輔子。「牡丹の花」に例えられるほどの美男。明るく社交的であり、清盛夫婦の最愛の子とされた。武勇の誉れも高く、平氏の大将の一人として各地で戦い、多くの戦功を上げている。一方で琵琶や笛、和歌にも秀で、文武に優れた貴公子だった。
↓五九頁の系図参照。

千手の前は歌舞音曲に長け、重衡の薫りにときめく、五感の優れた女性。恋をしていると自分の心を瞬時に判断できる「心の感度」も高い。愛されることより愛する事を選び、さらに「恋に傷つくことを恐れない」度胸もある。こういう女性を「恋愛偏差値が高い」というのではないか。

やがて二人の時は過ぎ、朝が訪れ、悲しい別れの時がくる。叶わぬ恋であることは初めから解っていたこと…。この能で、二人が離別する時ほど切ない場面はない。それは今《こん》生《じょう》の別れをも意味する。橋掛かりの方に去っていく重衡と舞台の方へかえってくる千手の前がすれ違う。重衡の袖と千手の前の袖が一瞬触れて、離れていく。二人の物語を「能」が表現する、なんとも「凝縮」された瞬間だ。そして、切ない終曲を迎える。

■一《いち》の谷《たに》の戦い
平安時代末期に摂津の国・福原および須磨で行われた、源氏と平氏が全面的に戦った最初の合戦。源頼朝が派遣した源範頼と義経の鎌倉政権軍は、平氏の討伐に進軍。平氏軍は福原に本営を設け、生田の森と一の谷に陣を敷いた。しかし義経の夜討により平家軍は総崩れ。この戦いで、平家は一門の多くを失い、致命的な大打撃を受ける。

■南都《なんと》の焼討《やきうち》
平安時代末期、平清盛の命を受けた平重衡ら平氏軍が、公然と平氏政権に反抗的な態度を取り続ける寺社勢力東大寺・興福寺などの奈良（南都）の仏教寺院を焼討にした事件。

memo

登場人物考②

千手の前

愛されるより愛する方を選ぶ。幽閉中の重衡を癒した女性。

平安時代末期の女性。『平家物語』によると駿河国手越の宿の長者の娘で白拍《しらびょう》子《し》。源頼朝の侍女となり、2、3年仕え、その後は頼朝の正妻・北条政子付きの女房となったともいう。

琴の名手で容姿に優れ、気立てもよく、平重衡が鎌倉に下向した折、都の貴公子の身の回りの世話をさせるのに相応しい侍女として特に選ばれた。その時千手は20歳ばかりであった。

鎌倉に移された重衡は沐浴を許され、この時に湯殿の世話をしたのが千手であった。これが二人の出会いとなる。夜になると、頼朝の計らいで再び千手が遣わされ、狩野介宗茂や従者たちも加わって宴が催された。重衡は千手の歌を聴き、「東国にもこのように優雅な女性がいるのだ」と感心する。また、頼朝は影ながらその様子を伺い、重衡の琵琶の音や朗詠の素晴らしさに深く感動したという（後から家臣に宴の様子を聞いたという説もあり）。

頼朝の命により、千手は重衡に仕えるようになるが、重衡と千手との生活は長くは続かない。壇ノ浦の戦いで平家が滅亡した後、重衡は南都大衆の強い要求により、引き渡され、木津川にて斬首。鎌倉幕府の正史とされる『吾妻鏡』では、その後千手は北条政子の女房として仕えていたが、恋慕のあまり病となってこの世を去ったとされている。『平家物語』では、それを知った千手は出家をして信濃の善光寺で重衡の菩提を弔い、往生を遂げたという。

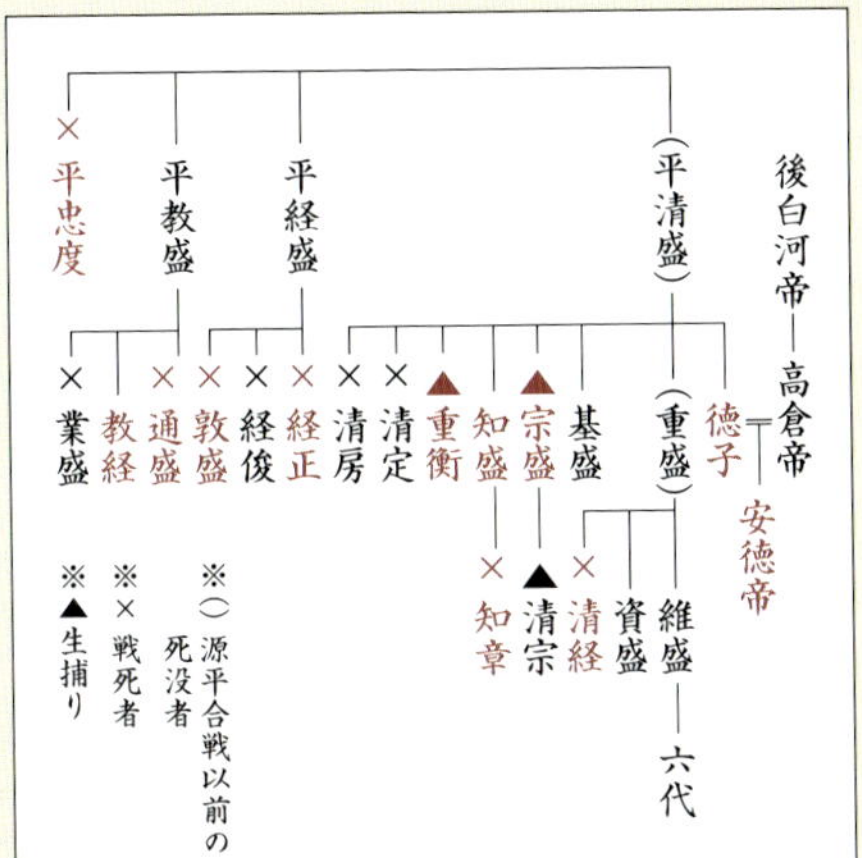

平氏略系図　※赤文字は能に登場する人物

column 能と古典文学②

平家物語

祇園精舎の鐘の声　諸行無常の響きあり
沙羅双樹の花の色　盛者必衰の理をあらわす

『平家物語』の冒頭の句はあまりにも有名だ。その成立は鎌倉時代。平家の栄華と没落を基軸に、零落し始めた平安貴族と新たに台頭した武士の人間模様をその感情表現も豊かに描いた軍記物である。琵琶法師によって語られ、各地に広がった。『源氏物語』とともに後世の日本文学や芸能に大きな影響を与えた。能もその例に違わず、現行約二〇〇曲ほどある能の演目の中で、『平家物語』に取材したと考えられる曲は左記のように、三十六番にのぼり（観世流）、『平家物語』と「能」の深い関わりを知る事が出来る。能の大成者・世阿弥も『平家物語』に取材して、「清経」「実盛」「忠度」「頼政」等、数々の曲を創作した。「盛者必衰」という大きな物語の流れの中で、登場人物が受ける様々なかたちの愛別離苦。そんな平家物語の世界観や登場人物の無念に満ちた「声なき声」を表現するのに、「現世に心を残した霊が僧の前に現れてその思いを物語り、のちに鎮魂される」という能の表現形式が適していたという事だろうか。

チェックリスト

『平家物語』の能ばかり選んで観てみるという、「通」な楽しみ方は、如何でしょうか。

お気に入りのイケメン公達や美しい姫君を見つけるのも楽しいです。

自分だけの「平家物語の世界」が完成するに違いありません。


（50音順）

- □「敦盛《あつもり》」《敦盛最期の事》
- □「碇潜《いかりかずき》」《先帝身投・能登殿最期》
- □「箙《えびら》」《長門本より》
- □「大原御幸《おおはらごこう》」《先帝身投・灌頂の巻》
- □「景清《かげきよ》」《弓流の事》等
- □「鐵輪《かなわ》」《屋台本より「剣の巻」》他※
- □「兼平《かねひら》」《河原合戦・木曾最期》
- □「咸陽宮《かんようきゅう》」《咸陽宮》
- □「木曾《きそ》」《木曾願書》
- □「清経《きよつね》」《太宰府落》※
- □「玄象《げんじょう》」《青山の沙汰》
- □「小督《こごう》」《小督》
- □「鷺《さぎ》」《朝敵揃》
- □「実盛《さねもり》」《実盛最期の事》
- □「七騎落《しちきおち》」《四部合戦状本より》
- □「俊寛《しゅんかん》」《康頼祝詞の事・足摺の事》
- □「俊成忠度《しゅんぜいただのり》」《忠度都落の事》他
- □「正尊《しょうぞん》」《土佐坊被斬》
- □「蟬丸《せみまる》」《海道下》
- □「千手《せんじゅ》」《千手前》※他
- □「大佛供養《だいぶつくよう》」《長門本より》
- □「忠度《ただのり》」《忠度都落の事》
- □「土蜘蛛《つちぐも》」《屋台本より「剣の巻」》他
- □「経正《つねまさ》」《経正都落・青山の沙汰》
- □「知章《ともあきら》」《浜軍の事》
- □「巴《ともえ》」《木曾最期の事》
- □「鵺《ぬえ》」《鵺》
- □「船辨慶《ふなべんけい》」
- □「藤戸《ふじと》」《藤戸の事》
- □「佛原《ほとけのはら》」《祇王》
- □「通盛《みちもり》」《落足・小宰相身投》
- □「盛久《もりひさ》」《長門本より》
- □「屋島《やしま》」《大阪越・嗣信最期・弓流》
- □「熊野《ゆや》」《海道下》
- □「頼政《よりまさ》」《橋合戦・宮最期の事》他
- □「羅生門《らしょうもん》」《屋台本より「剣の巻」》他

※「鐵輪」「清経」「千手」の三曲は、この本に掲載しています。
※「船辨慶」は『平家物語』と『義経記』から創作された曲。

楊貴妃

【ようきひ】

永遠に共に在りたいと願う玄宗と楊貴妃。
容赦なく訪れる別離の時。

楊貴妃【ようきひ】

❖**時**……………秋・八月
❖**場所**…………仙界常世国・蓬莱宮太真殿
❖**曲柄**…………三番目物
❖**登場人物**…【シテ】楊貴妃ノ霊【ワキ】方士
　　　　　　【アイ】常世国ノ者
❖**素材**…………白楽天「長恨歌」
❖**作者**…………金春禅竹

あらすじ

唐の皇帝玄宗*の寵妃・楊貴妃は、安禄山の乱により馬嵬《ばかい》が原《はら》で殺されてしまう。その死を嘆き悲しんだ玄宗は、せめて貴妃の魂魄の行方を探せと神仙の術を会得した方士《ほうじ》*（ワキ）に勅命を下す。方士は、天上界はもとより黄泉《よみ》の国まで尋ね歩くが、貴妃の魂を見つけることが出来ず、ついに常世《とこよ》国・蓬莱宮《ほうらいきゅう》へ辿り着く。所の者（アイ）から太真殿《たいしんでん》に玉妃《ぎょくひ》という方がいると聞き、その御殿を訪ねると、中から昔を偲ぶ詠嘆の声が聞こえてくる。方士は玄宗の勅使である旨を申し出た。すると花模様の刺繍をあしらった戸張を押しのけ、玉で飾った簾を引き上げて楊貴妃（シテ）が在りし日の美しさをそのままに姿を現す。方士が悲嘆にくれる玄宗の様子を伝えると、貴妃もまた玄宗を恋い慕って涙し、憂いに沈むのであった。方士が玄宗に奏上するため、対面の証を請うと、貴妃は髪に挿していた玉の釵《かんざし》を差し出す。それは生前、玄宗から贈られたものであった。しかし方士はこのような品よりも、帝と密かに交わされたお言葉があればそれを聞かせて欲しいと重ねて懇願する。そこで貴妃は、七夕の夜に玄宗と「天にあらば比翼の鳥*、地にあらば連理の枝*」と永遠の愛を誓ったことを打ち明け、玄宗との再会を願う。貴妃は立ち去ろうとする方士を引き留めて、先刻与えた釵を手に取って身に付けると、驪山宮《りさんきゅう》での思い出の「霓裳羽衣《げいしょううい》の曲」を静かに舞い始める。そして貴妃から形見の釵を再び授けられた方士は帰途につく。帝の元へ帰る方士の姿を、貴妃は一人淋しく見送るのだった。

《写真》「楊貴妃」シテ・楊貴妃の霊

恋する詞章

その初秋《はつあき》の七日《なぬか》の夜《よ》。二星《じせい》に誓ひし言《こと》の葉にも。天に在らば願はくは。比翼《ひよく》の鳥とならん。地に在らば願はくは。連理《れんり》の枝とならんと誓ひし事を。密《ひそ》かに傳《つた》へよや。私語《ささめごと》なれども今洩《も》れ初《そ》むる涙かな。

意訳

牽牛《けんぎゅう》と織女《おりひめ》が逢うという七月七日の夜、(玄宗帝と私は)空を仰いで二星に誓いました。「天に上ったならば、いつも翼をならべて離れない鳥となろう。又もし地に居て木となったならば、いつも枝を並べて離れないでいよう」と。これを密かに我が君へ御伝えなさい。我が君と私しか知り得ない睦言《むつごと》を、今初めてあなた様にお話致しました。思えば昔が恋しく涙が溢れてまいります。

解説

一顧傾人城　（一顧《いっこ》すれば人の城を傾け）
再顧傾人國　（再顧《さいこ》すれば人の国を傾く）
寧不知傾城與傾國　（寧《いずくん》ぞ傾城と傾国とを知らざらんや）
佳人難再得　（佳人《かじん》は再び得難《えがた》し）

一度振り向けば城を滅ぼし、再び振り向けば国を滅ぼす。城や国を傾ける憂いを知らぬ訳では無いが、それほどの美女は二度とは得られぬだろう。

――漢書・外戚伝

後に絶世の美人を指して「傾城《けいせい》」と呼ぶようになるのは、この詩に基づいている。あまりにも美しい人を愛すると、夜空に輝く星がそうであるように、美しい人にもよくあることで、今はそこにあってもすぐに命儚《はかな》く消えてしまうのではないかと思わずにいられなくなる。恐れすら感じ、離れられなくなる。失いたくないと願い、永遠に共に在りたいと望む。恋とは、恋人を得る喜びに心が満たされる代わりに、恋人を失うかもしれないという不安が常に付き纏《まと》うようになる事。そして恋人が美しければ美しい程、愛が深ければ深い程、「別れ」への不安は尽きることはない。しかしどんなに願おうとも、愛し合おうとも、やがて二人に「別離」は必ず訪れる。それは世の定め。何人も抗《あらが》う事は出来ないのだ。

■**玄宗**《げんそう》
中国、唐代の第六代皇帝。在位七一二年～七五六年。即位後、唐は再び全盛期を取戻し、その統治は「開元の治」とよばれ、太平の世を築いたが、晩年は楊貴妃に溺れて安史の乱を招き、退位する。

■**方士**《ほうじ》
古代中国において「現世」と「死者の国」を行き来できるという、特殊な能力を持った人を指していう。仙術士、道士とも。

その名を知らぬものはない、楊貴妃。彼女こそ「傾城」と呼ぶに相応しい。そもそも彼女は、時の皇帝玄宗の皇子・李瑁《りぼう》の妃であった。しかしその美しさ故に玄宗は心を奪われ、傍らに置くようになる。才覚を発揮し、優れた治世を行っていた玄宗であったが、楊氏の美しさに溺れ、我を忘れ、施政を疎かにしてしまう。それが、唐の「傾国」の発端となり、安禄山《あんろくざん》による反乱が勃発。ともに都落ちするが楊貴妃は命を絶ち、玄宗は退位させられる。

この一節は、玄宗と楊貴妃が互いの情愛の深さを語り合った愛の秘め事だ。玄宗は楊氏を妃に迎える前、武恵妃という寵妃を亡くしている。愛する者との「別れ」がどんなに哀しく辛いものかを知るからこそ、楊貴妃を失いたくないという思いは一層強かっただろう。「美しい」楊貴妃は愛される幸福をまた自らの美しさに変えていく。その輝きが増す程に玄宗の不安は募り、それがまた執心となった。玄宗の「盲目の恋」は自ら城を傾け、国を傾け、結局は彼女を死に至らしめてしまう。皮肉な結末だ。玄宗の後悔と嘆きは如何《いか》ばかりか。シテ・楊貴妃(の霊)もまた玄宗と共に在る事を固く誓ったはずなのに叶うことはなかった。玄宗と自分は「生きる者」と「死せる者」。二人を分かつどうする事も出来ない時空の隔たりがある。「会う者は必ず離れるのだからと」と自らに言い聞かせながらも、その心は玄宗を求めて彷徨う。玄宗が楊貴妃のために作曲したという「霓裳羽衣《げいしょううい》の曲」。思い出に浸り舞う貴妃の姿は儚《はかな》い美しさが漂うが、哀しい現実が見え隠れする。避けては通れない「別離」。そのたとえようのない辛さを観客にじわりと感じさせて曲は終わりを迎える。

■比翼《ひよく》の鳥《とり》
一眼一翼(一説には、雄が左眼左翼で、雌が右眼右翼)の伝説上の鳥で、地上ではそれぞれに歩くが、空を飛ぶ時は番《つがい》になって助け合わなければならず、常に雌雄一体となって飛ぶという鳥。男女の仲の深いこと、愛情が細やかなことのたとえ。

■連理《れんり》の枝《えだ》
並んで生えている二本の木が、枝の部分で一つに繋がっているという伝説上の樹木のこと。男女の契りの深いこと、夫婦の仲の睦まじいことのたとえ。

memo

登場人物考③

楊貴妃

国を傾ける程の絶世の美女とは。

中国唐代（8世紀）の皇妃。姓は楊《よう》、名は玉環《ぎょくかん》。「貴妃」は皇妃としての順位を表す称号。玄宗皇帝の寵姫。玄宗皇帝が寵愛しすぎたために安史の乱を引き起こしたと言われ、「傾国の美女」と呼ばれる。古代中国四大美人（楊貴妃《ようきひ》・西施《せいし》・王昭《おうしょう》君《くん》・貂蝉《ちょうせん》）の一人とされる。

当初、玄宗と武恵妃の間の息子・寿王李瑁《りぼう》（第18子）の妃となるが玄宗に見初められ、長安の東にある温泉宮にて、一時的に女官となった（この時の道号を太真という）。これは息子から妻を奪う形になるのを避けるためであり、実際はすでに内縁関係にあったと言われる。そして宮中の太真宮に移り住み、玄宗の後宮に入る。この時、皇后位は空席であったため、楊貴妃の実質的な序列はナンバー１。皇后と同じ扱いを受けた。楊貴妃が27歳、玄宗皇帝61歳であった。容貌が美しく、唐代で理想とされた豊満な姿態を持ち、音楽・楽曲、歌舞に優れて利発であったため、玄宗の意にかなったという。玄宗の寵を一身に受け、一族はみな高官に上り、楊一族の横暴は激しくなっていく。楊貴妃の又従妹《はとこ》で台頭していた楊国忠と軍人・安禄山が対立。安禄山は反乱を起こし、洛陽が陥落した（安史の乱）。その後玄宗は首都・長安を抜け出し、蜀地方への出奔することに決め、楊貴妃、楊国忠、高力士（玄宗の側近）らが同行することになった。しかし、馬嵬《ばかい》が原《はら》に至ると、兵士達が乱の原因となった楊国忠を殺害。さらに楊貴妃の命まで要求した。玄宗は楊貴妃をかばったが、高力士の進言によりやむなく楊貴妃に自殺を命ずる。高力士によって、楊貴妃は縊死（首吊り）させられたという。玄宗は後に彼女の霊を祀り、長安に帰った後、改葬を命じたが、中止となった。しかし、玄宗は密かに宦官に命じて改葬させ、彼女の絵を朝夕眺めていたという。

上村松園筆「楊貴妃」（松伯美術館蔵）

井筒【いづつ】

幼馴染同士の恋。初恋は成就するのか。

井筒【いづつ】

❖時……秋・九月
❖場所……大和国・在原寺《ありわらでら》（現・奈良県天理市櫟本）
❖曲柄……三番目物
❖登場人物…【前シテ】里女
【後シテ】紀有常ノ娘ノ霊（井筒ノ女ノ霊）
【ワキ】旅僧【アイ】櫟本《いちいもと》ノ者
❖素材……伊勢物語　第二十三段（在原業平と紀有常の娘の物語であるとする「冷泉家流伊勢物語抄〈鎌倉時代の注釈〉」による。）
❖作者……世阿弥

あらすじ

諸国一見の旅僧（ワキ）が奈良から初瀬へ向かう途中在原寺を訪れ、在原業平と紀有常の娘*夫婦の菩提を弔っていると一人の美しい女（前シテ）が来て、花水を手向ける。僧が素性を問うと、女は近くに住む者でこの塚が業平の墓であろうから弔っていると言う。ならば業平の縁の者かと尋ねると、女は否定しつつも在原業平と紀有常の娘の恋物語を語り始める。業平はこの地に暮らし、縁があって紀有常の娘と契りを結んだ。仲睦まじく暮らしていたが、河内国高安《たかやす》の里にも恋人ができ、通うようになる。業平の裏切りを知りつつも有常の娘が「風吹けば沖つ白波龍田山《たつたやま》夜半《よわ》にや君が独り行くらん（風が吹くと沖に白い波が立つ、その立つという名を持った龍田山を夫は一人で越えているのでしょうか。どうか御無事でありますように。）」と歌を詠んで、自分を案じるその心を知り、その後は他の女のもとへ通うことはなくなったという。また、この地には隣の家同士の幼子がいて、井筒のそばで水鏡を覗いたり背比べをしたりして遊び戯れていた。やがて恥じらう年頃となり疎遠になるが、互いに芽生えた「恋心」に気付き、和歌を交わして二人は結ばれたという。そして、我こそが「井筒の女」とも呼ばれた紀有常の娘であると告げ、筒井戸の陰に消え失せる。【中入】

所の者（アイ）よりさらに詳しく二人の物語を聴いた僧が回向をし、仮寝していると、夢の中に紀有常の娘の霊（後シテ）が業平の形見の冠《かんむり》と直衣《のうし》を身に着けて現れ、年月を経ても色褪せることのない業平への想いを謡い舞う。そして、筒井戸に寄り添い自らの姿を水鏡に映し業平の面影を懐かしむが、夜明けと共にその姿は消え、僧は夢から覚めるのであった。

《写真》「井筒」後シテ・紀有常の娘の霊

恋する詞章

筒井筒《つついづつ》。* 井筒にかけしまろがたけ。生《お》ひにけらしな。妹《いも》見《み》ざる間《ま》にと詠《よ》みて贈《おく》りける程に。その時女も比《くら》べ来《こ》し振分髪《ふりわけがみ》も肩《かた》過ぎぬ。君ならずして。誰《たれ》かあぐべきと互《たがい》に詠《よ》みし故《ゆえ》なれや。筒井筒の女とも。聞《きこ》えしは有常《ありつね》が。娘《むすめ》の古き名なるべし。

意訳

「筒井戸のその井戸枠と背丈比べをした私の背丈も、今ではその枠をすっかり越えてしまったようです。あなたにお逢いしないうちに。」と（男が）詠んで贈ると、娘の方も歌を詠み返してきた。「あなたと長さを比べてきた振り分け髪も、今では肩を過ぎてしまいました。結婚する時には、髪を結い上げるものですが、あなたのためでなくて誰のために『髪上げ』をしましょうか。」と。このような歌を交わし合ったので、彼女は「井筒の女」と呼ばれもした。それは紀有常の娘の古い呼び名なのである。

解説

時間は無限に流れ跡形もなく、空間もまた無限に広がり跡形もない。とてつもなく大きな中に存在する個人の存在や歴史なんて、ほんの点の様なものに過ぎない。その「無限」の中で、ある男女が同じ時間を生き、出会い、恋に堕ち、愛し愛されるという「奇跡」を考えた事があるだろうか。そして恋する二人が「命」を無くしても、互いを求める「恋する魂」は永遠の「時間と空間」の中に在り続ける。その魂は、ある時、既に命無き者となった者さえも引き寄せ、蘇らせ、そして容赦なくその者の心を再び震わせる。恋とはいったい何か…。人間が持つ一つの感情とはとても思えない。時空を越えて存在し、人の心を支配し続ける得体のしれないもの。そんな思いに強く駆られるのがこの「井筒」という曲だ。

澄んだ秋の風が色を無くした野の薄《すすき》を揺らし、清《さや》かな月が辺りを照らす。僧の前に現れたシテ(紀有常の娘の霊)は、時間と空間の糸を辿るように業平との恋を回想する。純粋でつつましやかでどこか品のある娘の姿に、全ての観客が時空の旅に誘《いざな》われる瞬間だ。

この詞章はこの能の題材となっている『伊勢物語』第二十三段からの引用である。幼《おさな》馴染《なじみ》が初恋の人に変わる「その時」を表現している。芽生えたばかりの初々しい「恋」がそこにある。「妹《いも》見ざるまに」の「妹《いも》」は男性から親しい女性、主に妻か恋人を呼ぶのに

■紀有常《きのありつね》の娘

生年不明。没年不明。父は紀有常。在原業平の妻。業平が仕えた惟喬《これたか》親王の従兄にあたる。紀有常の娘に関する資料はあまりないが、『古今和歌集』の中に「業平朝臣きのありつねがむすめにすみける」と記されているところから、二人は夫婦関係にあったとされ、むしろ「正妻」であるという説が有力。

業平の度重なる女性関係のため、そして政治的処遇も影響して、結局二人は別居状態になってしまったようだが、度々文のやり取りをしていたようだ。業平が東下りの際、奥州にまで足を伸ばした理由は、製塩の技術を学ぶためだと妻(紀有常の女)に手紙を出している。いずれにせよ「業平」をまたは業平からの「手紙」を待ち続ける「人待つ女」だったのであろうか。

使う言葉。女性に贈る歌にこの言葉を使うとはまさに覚悟のある恋文だ。女も返事を書き、二人は結ばれる。しかし世の常というべきか、幸せな時は永くは続かない。仲睦まじい二人にも不幸が訪れる。女の親が死ぬのだ。「通い婚」が一般的なこの時代、通う男の面倒は女の親がみる。親の死は二人にとって致命的だ。必然のように男は他の女のもとへ通うようになる。それでも女は他の女のところへ向かう男の通い路を案じ、健気に帰りを待った。ある時、男は妻が口ずさんだ和歌によってその真心を知り、他の女の所へ通うことを止《や》める。

　僧に自らの恋を語り、有常の娘の霊は井戸の陰に消え去るが、旅寝をする僧の前に業平の形見である初冠《ういかんむり》と直衣《のうし》を身に着けて再び現れる。業平の身になって移り舞を舞い、思いが溢れた女は薄を分けて古井戸を覗き、水鏡に移った自らの姿を目にする。業平と見間違うその姿。愛しい人への尽きぬ想いに心を委ねる。業平も自分も、もはやこの世の者ではなく同じ空間に在る訳ではない。共に暮らしたあの時から時間もだいぶ流れてしまったが、水に映る姿を目にし、業平に再会する事によって、再び二人の時空が重なり、「恋する魂」が蘇る。再び訪れた「奇跡」の瞬間だ。舞台上も見所《けんしょ》も静かに高揚する。

　恋をすると、以前は全く思わなかったことを考えるようになる。恋を失った時もまた、それまでにない感情で胸が張り裂けそうになる。例えば恋を一つ終えた時に、鑑賞して欲しい。失った恋は「奇跡」だったのか、その真価を自分の心に問うために。

■**筒井筒**《つついづつ》
筒井戸につけられた枠。または『伊勢物語』二十三段に由来して、幼ともだち。幼なじみのことを指す。

memo

登場人物考④

在原業平

「むかし、男ありけり」。伊勢物語の主人公の「男」とは。

平安時代初期の貴族・歌人。平城天皇の孫。阿保親王《あぼしんのう》の五男。母は桓武天皇の皇女・伊都内親王《いずないしんのう》。血筋からすれば天皇家の嫡流ともいえるが、「薬子《くすこ》の変」により皇統が嵯峨天皇の子孫へ移っていたこともあり、臣籍降下し、兄・行平らとともに在原姓を名乗った。惟喬親王《これたかしんのう》に仕え、文徳天皇の御代には不遇の時期を過ごすが、代わって清和天皇の御代では再び昇進を重ねる。

業平は『日本三代実録』に「体貌閑麗《ていぼうかんれい》、放縦不拘《ほうじょうふこう》」と記され、美男で奔放な男の代名詞のように言われている。『伊勢物語』ではその描写と相まって、高尊の生まれでありながら反体制的な貴公子というイメージがある。なお『伊勢物語』成立以降、恬子《てんし》内親王との間に密通によって高階師尚《たかしなのもろなお》が生まれたという説が派生し、以後高階氏は業平の子孫ではないかと噂された。

歌人としても有名。六歌仙。三十六歌仙の１人。『古今和歌集』の30首を始め、勅撰和歌集に87首が入集している。紀有常の娘（惟喬親王の従姉にあたる）を妻とし、文人・歌人を輩出する紀氏と交流があった。

「百人一首」にも登場

ちはやぶる神代もきかず龍田川からくれなゐに水くくるとは

（数々の不思議な事が起こっていたという神代の昔でさえも聞いたことがない。龍田川一面に紅葉が散って流れ、このように水を深紅に染めているとは。本当に美しいさまであることよ。）

在原業平像（『三十六歌仙』より）
「昔男の冠直衣は…」と能「井筒」の中で描写されている業平像を彷彿とさせる。
（京都大学附属図書館蔵）

column

能と古典文学③

伊勢物語

『伊勢物語』は平安時代初期に成立したとされる「歌物語」の代表作である。歌物語とは、今風に言えば、短歌入りの小説、あるいはストーリー付の短歌集といったところ。「稀代のプレイボーイ」、天下の歌人・在原業平という実在した人物をモデルに、文徳天皇の第一皇子でありながら帝位につけなかった惟喬親王《これたかしんのう》との交流や、清和天皇の女御で、のちに皇太后となった二条后（藤《ふじ》原高子《わらのたかいこ》）、伊勢《いせ》斎宮《さいくう》恬子《てんし》内親王などとの禁忌の恋などが語られ、また失意の流浪や遊興など様々な内容が、業平の一代記風に和歌を中心として語られる。『伊勢物語』の章段の典型的な書き出しは「むかし、男ありけり」だが、「むかし」とはどれぐらい昔のことで、その「男」が誰なのか、実のところ明確な記述はない。物語の成立後、複数の作者によって筆写、加筆されながら、歴史上の人物や出来事から特定されていった。物語にある短歌のうち、多くのものが『古今和歌集』などにある業平の歌と重なる事、第六十三段に「在五中将」とある事から、『伊勢物語』の主人公である「昔男」が「在原業平」と考えられるようになったのだ。

主人公を「ある男」とするか「業平」とするか、それとも自分自身をあてはめるか、読み手の想像で決まり、そして自由だ。それは能を鑑賞する楽しみ方に似ているかもしれない。

『伊勢物語』に取材した能の曲は、能「井筒」(第二十三段「筒井筒」)の他に三曲。この他に、業平の和歌が引用されている「熊野」、「楊貴妃」、「隅田川」などがある。

雲林院《うんりんいん》

《第四段「西の対」・第六段「芥川」より》

主人公：在原業平　季節：春・二月

芦屋の里の公光はある夜、桜の下で「伊勢物語」を読む在原業平と二条后の姿を夢でみる。公光は思い立ち、桜の咲き乱れる雲林院へ向う。公光が桜の枝を一枝手折ると一人の老人が現れそれを咎め、二人は古歌をひいて問答をする。公光が老人に夢の話をすると老人は「夢の続きを見給え」と自らが業平である事を暗示し、消え失せてしまう。しばらく仮寝をしていた公光の前に殿上人の装いをした業平の霊が現れる。伊勢物語の「芥川」の段の秘事や二条后との恋を物語り、昔を偲んで月下に舞を舞う。やがて、公光の夢も覚め、業平の姿は消えてしまう。

杜若《かきつばた》

《第九段「東下り」より》

主人公：杜若の精　季節：夏・四月

在原業平が東下りの折にその和歌に詠んだという、杜若の名所・三河国八橋で、旅僧は一人の女性に出会う。女は業平と二条の后の形見を身に着けて再び現れ、自分は杜若の精であると明かす。舞いながら業平の数々の恋を物語り、歌舞の菩薩である業平に歌に詠み込まれた功徳によって成仏できたと語る。

小塩《おしお》

《第七十六段「小塩山」より》

主人公：在原業平　季節：春・三月

下京辺りの人々が大原山へ花見に行く。そこで出会った老翁は、昔この地に后の行幸があり、在原業平が供をして小塩山を歌に詠んだという故事を語り、姿を消す。実は老翁こそ業平の霊であった。その夜、再び優雅な出で立ちで姿を現し、后への淡い恋を想って、昔を懐しみ舞を舞うのだった。

錦木【にしきぎ】

願っても、願っても叶わない恋。「恋《こい》死《じ》に」した男の想いとは。

錦木【にしきぎ】

❖時……秋・九月
❖場所……陸奥国 狭布の里(現・秋田県鹿角市)
❖曲柄……四番目物
❖登場人物……【前シテ】男【後シテ】男ノ霊
【前ツレ】女【後ツレ】女ノ霊【ワキ】旅僧
【ワキツレ】従僧【アイ】狭布ノ里ノ者
❖素材……袖中抄《しゅうちゅうしょう》(鎌倉時代初期の和歌注釈書)
の古歌二首にかかる記述より
❖作者……世阿弥

あらすじ

諸国一見の僧(ワキ・ワキツレ)が、陸奥の狭布《きょう》の里を訪れる。そこへ錦木*を持つ男(前シテ)と細布《ほそぬの》*を腕にかけた女(前ツレ)が連れ立って現れる。僧は男女が手に持っている物を不思議に思いその謂れを尋ねると、これは、ある恋物語によって有名になった土地の名物で、「錦木は立てながらこそ朽ちにけれ狭布の細布胸合はじとや(錦木を毎日女の門口に立てたのに女が取り込まないから、朽ち果ててしまった。細布の織幅が狭く、胸の前で合わないように女は逢わないつもりなのだろうか。)」と叶わない恋の行方を詠んだこの歌こそ、この錦木・細布に拠るものであると言う。さらに男が語るには、美しく飾った錦木は、男が恋する女の家の門に立てる「求愛のしるし」で、もし女が男に心を寄せれば錦木を内に取り入れ、逢いたくない男のものは取り込まないというのが土地の習いだと。そしてこの山陰にある錦木塚は、女が錦木を取り入れないために、三年もの間千束もの錦木を空しく立て続け、ついには命を落とした男の墓であると言う。僧がその塚を教えて欲しいと言うと、二人は塚へ案内し、やがてその塚の中へ消えてしまう。【中入】

供養のため、僧が夜通し読経をしていると、草葉の陰より女の亡霊(後ツレ)と男の亡霊(後シテ)が現れ、僧の弔いに感謝する。僧の求めに応じて女は機を立てて細布を織り、男は三年間女のもとに通って錦木を立て続けた様を再現してみせる。ついに錦木が千本になった夜、女が錦木を取り込み、男の恋は成就する。昔の恋の妄執を恥じつつも、男は喜びの舞を舞うが、夜明けと共に二人の姿は消え、そこにはただ松風に吹かれる古塚が寂しく残るのみであった。

《写真》「錦木」後シテ・男の霊

恋する詞章

陸奥《みちのく》の信夫捩摺《しのぶもぢずり》*誰《たれ》ゆゑに。乱れ初《そ》めにしわれからと。藻《も》に住む蟲《むし》の音《ね》に泣きて。いつまで草《ぐさ》のいつかさて。思ひを干《ほ》さん衣手《ころもで》の。森の下露《したつゆ》起きもせず。寝もせで夜半《よわ》を明かしては春の眺《なが》めも如何《いか》ならん。浅ましやそも幾程《いくほど》の身にしあれば。なほ待つ事のあり顔《がお》にて。思はぬ人を思ひ寝の夢か現《うつつ》か寝てか覚めてか。これや戀慕《れんぼ》の習《なら》ひなる。

意訳

和歌に「陸奥《みちのく》の信夫捩摺誰《しのぶもぢずりたれ》ゆゑに乱れ初めにしわれならなくに（陸奥の信夫捩摺の模様が乱れているように私の心も想い乱れている。全てはあなたを恋するがゆえ）」とあるが、自分も叶わぬ恋に心乱れて涙し、尽きぬ恋慕に身を焦がして、落ち着いて起きていることも出来なければ、寝ることも出来ずに夜を明かす。これでは春の美しい眺めも何の慰めにもならない。ああ、我ながら浅ましい。この先長くは生きられない身なのに、なお待つ当てでもあるように、思ってくれない人を想いながら寝ると夢なのか現実なのか、寝ているのか覚めているのかも分からない。これがまあ恋慕の常というものだろうか。

錦木【にしきぎ】

解説

恋の喜びは互いに思い合って初めて得られるもの。一方の思いだけではそれを得ることは決して叶わない。辛く苦しく切ない想いに身悶える。朝起きては、「今日も会えないだろう」と悲しみ、寝る時には「今日も会えなかった」と悲しむ。長い一日に幸福な時は片時もないのだ。全ては物足りなさ、全ては後悔、全ては絶望の日々。

陸奥の狭布《きょう》の里を訪れた旅僧（ワキ）は、錦木と細布を売る男女に出会う。男（シテ）は僧の求めに応じて、この地に伝わる古くからの風習について語る。それは「求婚のしるし」として男が思いを寄せる女の家の門に美しく色飾りした「錦木」を立て、もし女がそれを承諾すれば、その錦木を家の中に取り入れるというもの。男はある女に恋い焦がれ、女のもとを訪れるが受け入れられない。千夜も通い、錦木を立て続けたが、ついに現世では、男の恋が叶うことはなかった。

この曲のキーワードは「細布」、そして「錦木」。鳥の羽を織り込んだという細布のように、詞章には有名な和歌が諸所に織り込まれ、掛詞《かけことば》や縁語《えんご》で彩られている。鑑賞者は宝探しをするような感覚で知的好奇心を刺激される。世阿弥作品の真骨頂だ。「陸奥《みちのく》の信《しの》夫《ぶ》捩摺《もぢずり》誰《たれ》ゆゑに…」と百人一首にも取り上げられた河原《かわらの》左大臣（源　融《みなもとのとおる》）の歌を引き、シテが語り始める。恋しても叶うはずのない相手への恋慕の情に、心を乱す男のことを詠

■錦木《にしきぎ》
約三十センチメートル程の長さで、五彩の木片の束、もしくは、五種類の木の小枝〈楓、真弓、酸《す》の木、樺桜、苦木《にがき》〉を束ねたものともいわれる。東北地方で行われた求愛の習俗で、男が思う相手の家へ通い、その都度錦木を門前の地面に挿し立てたという。女が愛を受け容れるまで男はこれを続けるので、ときには無数の錦木が立ち並ぶことになった。千束が上限であるという。千にもなれば、誠に心有りとみなし、取り入れて逢うという説と千となっても取り入れない場合は、あきらめなければならないという説がある。

んだ和歌だ。浅ましいとは分かっていても、寝ても覚めても恋うる気持ちはどうにもならないという。恋の妄執の激しさと人間の性《さが》の悲しさと苦しさ。まるで叶わぬ恋の「恋愛論」である。それはまた世阿弥がこの能を通じて表現したかった自身の恋愛観なのではないか。世阿弥は幼いころ、時の最高権力者、室町幕府・第三代将軍足利義満の寵愛を受けて結崎座（のちの観世座）は栄え、周囲からの羨望を一身に受けた。しかし、君寵というものは移りやすく醒めるのも早い。「永遠」とか「絶対」はない。とても儚《はかな》いものだ。自分が願っても叶うことのない思い、その辛さはいやという程その心に刻まれたに違いない。

しかし世阿弥はこの作品で、恋死にしたシテを一念無量の鬼にはしなかった。仏縁を得たおかげで、男（シテ）と女（ツレ）は出逢って恋は成就し、生前の妄執は昇華される。男は「うれしやな」と舞を舞う。救いのある終曲だ。だが、男も女ももはや「この世」の者でない。男の思いは「あの世」で遂げられたに過ぎないのだ。夜が明けて僧の夢が覚めると二人の姿はなく、そこには松風に吹かれる古塚が寂しく残るのみ。これを「ハッピーエンド」と考えるかどうかは、その日の演者の表現によって決められ、観客が持つ心の眼にどう映るかによって決まるのである。

■狭布《きょう》の細布《ほそぬの》
古代、陸奥の国から調進された、幅の狭い布。雄鶴の羽根（二十四筋）を縦糸に雌鶴の羽根（二十四筋）を横糸に織った細い布だったという。腹帯（日立帯・五腑帯）に使う。「今日」や「胸合はず」「逢はず」などに掛けて、恋心に応じぬ女の比喩表現として、和歌によく詠まれた。

■信夫《しのぶ》捩摺《もぢずり》
福島県の旧郡の信夫郡《しのぶぐん》で作られていた山繭を紬いで織り、天然染料で後染めをする織物のこと。奈良時代の初めから作られるようになり、以来、特産物として絹織物が都に献上されその名が広がった。
心中に秘して思う意の「しのぶ（偲ぶ、忍ぶ）」に掛けて、和歌に詠まれた。

memo

旅する能楽③

錦木塚

男の一途な思いが交錯する塚

秋田県鹿角《かづの》市の一部、旧鹿角郡に属する地域は、古くは錦木村と呼ばれ、狭布《きょう》の里とも呼ばれていたという。地域には今も錦木塚が遺る。塚のある錦木塚歴史公園内には錦木地区市民センターがあり、資料室が設けられている。この地を訪れた古人や、細布を再現したもの、錦木を再現したものを描いた絵（下記写真）などが展示されており、興味深い。

❖錦木塚歴史公園・錦木地区市民センターへのアクセス

住所：秋田県鹿角市十和田錦木字浜田91-1
盛岡駅から岩手銀河鉄道で２時間。十和田南駅下車、徒歩３分

狭布の細布（麻）を再現したもの

錦木を再現したものを描いた絵

（ともに鹿角市教育委員会提供）

砧

【きぬた】

妻の尽きない恋慕の情。
故郷にいる妻の切ない想いを、都の夫は知らない。

❖時……秋・九月
❖場所……筑前国 蘆屋（現・福岡県遠賀郡芦屋町）
❖曲柄……四番目物
❖登場人物……【前シテ】妻【後シテ】妻ノ亡霊
【前ツレ】侍女 夕霧【ワキ】蘆屋ノ何某《なにがし》
【ワキツレ】従者【アイ】下人
❖素材……不詳
❖作者……世阿弥

あらすじ

九州蘆屋《あしや》の里に住む男（ワキ）が訴訟のため上京するが、思いの他に長引き、もはや三年*の月日が経とうとしていた。故郷の事が気に掛かり、「今年の暮れには必ず帰る」と伝えるよう、夕霧という侍女（前ツレ）を故郷へ帰す。一方、九州では男の妻（前シテ）が夫の帰りを待ち侘びていた。そこへ夕霧が戻ってくる。妻は都からの便りかと喜んで迎え入れるが、夕霧が三年もの間、無沙汰をした事を恨み、田舎暮らしの寂しい自分とは違い、華やかな都で夫とともに暮している事を羨む気持ちがつい言葉に出てしまう。いつしか、夫の薄情を恨む言葉を口にする妻だったが、裏腹に恋慕の情は募るばかりだ。折しも遠くから聞こえてくる砧《きぬた》*の音に、妻は「昔、蘇武《そぶ》*という人が胡国に囚《とら》われていた時、妻や子が蘇武を想って砧を打った。その強い想いのためか、遠く離れた蘇武にその砧の音が聞こえたという。」と中国の故事を語る。そして慰めになるかもしれないと夕霧に砧の用意をさせ、共に打ち始める。妻は秋の月を眺め、蘇武の故事にあるように砧の音に添えてこの切なく寂しい心が夫に届いてはくれないだろうかと願う。牽牛織女《けんぎゅうおりひめ》の七夕伝説にも思いを巡らせ、夫に逢う事の出来ない悲しみを語る。そこへ都の夫から「今年の暮れも帰れない」という知らせが届く。妻はいよいよ夫が心変わりしてしまったのだと思い煩《わずら》い、病に倒れて、ついには死んでしまう。【中入】

ようやく蘆屋へ戻った夫は、妻の死を知って嘆き悲しみ、巫女の梓弓にかけて妻を呼び出し、言葉を交わそうとする。すると痩せ衰えた姿の妻の亡霊（後シテ）が現れ、恋慕の妄執のために地獄の苦しみにあっていると訴える。夫を恨み責め立てるが、夫の弔いに心を和らげ、法華経の功徳により成仏するのであった。

《写真》「砧」後シテ・妻の亡霊

恋する詞章

今の砧の。聲添《こえそ》へて君がそなたに吹けや風。あまりに吹きて松風よ。我《わ》が心。通ひて人に見ゆならば。その夢を破るな。

意訳

この砧の音に添えて、私の想いも恋しい夫のもとへ吹き送っておくれ、風よ。けれど、あまり強く吹くのではないよ。もし私の心が通じて夫の夢に私が現れたならば、その夢を破っては困るから。(夢が破れてしまっては私の心が通じることなく、夫は帰って来て下さらないだろうから。)

解説

逢えない人を思う恋は切ないものだ。愛する人はこの世に生きているが、遠い距離が二人を分かち、逢えない場合。もしくは、死が二人を分かち、逢えない場合。どちらが哀しいだろうか。苦しいだろうか。そして残酷だろうか。

妻は三年もの年月、戻らぬ薄情な夫を怨みながらも溢《あふ》れる恋慕の情を抑える事が出来ず、感情を昇華させていくかのように「砧《きぬた》」を打つ。晩秋の夜空に響いては吸い込まれていく砧の音。続けているうちにやがて心が晴れ、冴える月を眺め、夕暮れの景色を面白いと感じる少しの余裕も生まれてくる。秋風が砧の音ともに、願わくば自分の心をも夫のもとに運んでくれないかと思い及ぶ…。それがこの一節である。能「砧」の詞章は、美しく比類ない。煌《きら》めくような言葉で紡ぎ出された表現が情緒的で、一語一句聞き逃したくないと思う程だ。いにしえでは、「夢を見る」のは、相手が自分の事を想って、その魂が飛んでくるからだと考えた。「私の魂が届いて夫が自分を夢に見てくれれば、思い出してくれるのではないだろうか。帰って来てくれるのではないだろうか。」と夫を想う妻の胸の内が切なく伝わって来る。例え逢うことが叶わなくても愛する人の残像をたどり、「今日こそは」「明日こそは」と夫を待ち続ける。そんな妻の姿は気丈に見えて、張り詰めた糸のように今にも切れてしまいそうな危うさがある。夫を信じながらも、一方ではその心変わりを疑

■三年《みとせ》
男が家を出て、三年帰らない時は自動的に婚姻が消滅してしまうという古来の習慣があった。シテである妻が、三年目となる「今年の暮れ」にも夫が戻れないという知らせを受け、病に倒れる程に悲しんだのは、当時「三年」という年月には特別な意味があったからである。

■蘇武《そぶ》
前漢の武帝の忠臣。胡国への使者に任じられるが捕えられ、十九年の後、武帝が没した事から両国が和睦し、ようやく帰国した。故郷にいた妻や子が胡国の夜寒を思いやって高楼に登り砧を打つと、胡国の蘇武の耳にまでその音が届いたという。

わずにはいられない不信の心。妻はぎりぎりのところで葛藤しているのだ。しかし非情にも「今年の暮れも帰れない」と夫からの知らせが届く。侍女・夕霧がそれを妻に伝える。妻にとってはあまりにも残酷な場面だ。砧の音は届かなかったのかと、張り詰めていたものがプツリと途切れてしまう瞬間でもある。妻は病に臥せ、ついには命を落としてしまう。

主人からの知らせを妻に伝える姿に、観客は改めて思うだろう。「この夕霧という女性は何者なのか。」と。能においては、はっきりとさせない事が美徳なのだが、夕霧に対して「都で夫と共に暮らしていた」と羨む妻の言葉から、その由縁《ゆえん》は容易に想像がつく。三年もの間夫に逢えなかった妻と、逢っていた女性。彼女が登場した時から、その存在が小さな棘《とげ》のように観客の心を刺し、微かな痛みは続いていく。夕霧が伝えたその一言が「引き金」となり、妻は思い悩んで命を危うくしたという見方も出来る。それは夕霧の無為かそれとも作為か。彼女は善人なのか、したたかなのか。広がる想像は止めどもない。劇中では明確ではないからこそ、夕霧の人物像は観客それぞれの心の中に創られていく。

妻は亡霊となって夫の前に現れる。恋慕の妄執のため地獄に身を沈め、死してもなお苦しめられていると語る。自らが生きていようが死んでいようが、愛する人が生きていようが死んでいようが、恋という感情とその執心は「生と死」を全く無視して在り続け、心を捉え離さないのだ。後シテの姿にその激しさを感じずにはいられない。「届かぬ恋」とは何と残酷なものだろうかと。

■**砧**《きぬた》
皺を伸ばして艶を出すために布を打つ道具。もしくはその行為の事。今でいうアイロンがけに相当する。

「砧」前シテ・妻

memo

能楽豆知識③

世阿弥の傑作「砧」

作品に刻まれている世阿弥の人生観

世阿弥という人物

室町時代初期の大和猿楽結崎座の猿楽師。父の観阿弥とともに猿楽（申楽とも。現在の能楽）を大成した。役者である一方で多くの曲を創作し、『風姿花伝』『申楽談儀』など多くの伝書も残し、今に受け継がれている。1374年頃、観阿弥が今熊野（現・今熊野神社）で催した舞台に12歳の世阿弥が出演し、室町幕府三代将軍・足利義満がお忍びで鑑賞。将軍は猿楽の面白さに魅了され、以降、義満は結崎座の熱心な後援者となる。義満は何より世阿弥の美童ぶりに心を奪われ、寵愛する。父・観阿弥が没すると観世太夫を継ぎ、世阿弥は猿楽をさらに深化させていく。しかし六代将軍・足利義教の代になると、世阿弥は衰運の一途をたどる。弾圧が加えられるようになり、観世大夫の座を長男の元雅に譲って自身は出家。ついには仙洞御所への出入りを禁止され、世阿弥親子は没落していく。その後、元雅は伊勢安濃津にて客死。世阿弥も佐渡国に流刑となる。後に帰洛したとも伝えられるが、詳細不明。「観世小次郎画像賛」によれば1443年に没したことになっている。

世阿弥の傑作「砧」

世阿弥作の演目を鑑賞すると、世阿弥が生きてきた足跡が、各作品に色濃く反映されていることに気づく。世阿弥作品が持つ、宇宙観、人生観、恋愛観、そして詞章の巧みさ奥深さなど、深淵な世界に魅了されていく。中でも「砧」は世阿弥の最高傑作として知られている。世阿弥自身も自信をもっていたが、後の世では理解されないだろうと「静成りし夜、砧の能の節を聞きしに、かやうの能の味はひは、末の世に知る人有まじければ、書き置くも物ぐさき由、物語せらりし也」（「こういうしんみりとした能の微妙な味わいは、後の世にはよく感じ分ける人もいなかろう。そう思うとわざわざこういう曲を書き残しておくというのも、なんだか張合いのない話だ。」と、秋の静かな夜に一節「砧」を謡って聞かせ、ため息をつくように言った。）と『申楽談儀』に書かれている。その真意については諸説あるが、世阿弥が求めるステージに少しでも近づくよう、歳を重ねながら、「砧」を何度も観て、一生かけて自分なりにその世界観の理解を深めていくのも、幸せな能の楽しみ方だ。

女郎花

【おみなめし】

愛を疑う女と愛を全うする男。
愛ゆえに「死」を選ぶ、女と男の悲哀。

女郎花【おみなめし】

❖時……秋・八月
❖場所……山城国 男山（現・京都府八幡市）
❖曲柄……四番目物
❖登場人物…【前シテ】老翁【後シテ】小野頼風ノ霊
【後ツレ】頼風ノ妻ノ霊【ワキ】旅僧
【アイ】男山ノ麓ノ者
❖素材……古今集 仮名序
❖作者……世阿弥

あらすじ

九州松浦潟の僧（ワキ）が上洛する途中、石清水八幡宮*に参詣するため、男山の麓《ふもと》にやってくる。季節は秋。野辺には様々な草花が盛りを迎え、中でも女郎花《おみなえし》*が一際美しく咲いていた。僧は男山の女郎花は古歌にも詠まれた名草なので、土産にと一本手折《たお》ろうとする。そこへ老翁（前シテ）が現れ、自分は野の花守《はなもり》だと名乗り、それを制する。二人は「花を折ること」について古歌を引いて問答をするが、僧が男山の女郎花を詠んだ歌を知っていた事で打ち解け、老翁は花を手折ることを許す。そして僧を八幡宮へ案内し、麓にある男塚・女塚にも連れて行き、この塚こそ女郎花の物語に登場する小野頼風《おののよりかぜ》夫婦の墓であると教える。そして今は弔ってくれる人も無いと嘆き、自分こそ男塚の主・小野頼風であると仄《ほの》めかし消えてしまう。【中入】

所の者（アイ）から頼風夫婦の話を詳しく聴いた僧が回向していると、頼風の霊（後シテ）とその妻の霊（ツレ）が現れ、語り始める。女は都の者で頼風と契りを結ぶが、頼風の心変わりを哀しみ、ついには放生川《ほうじょうがわ》に身を投げてしまったという。頼風が女の亡骸を土中に埋めるとその塚から一輪の女郎花が咲く。死んだ妻の成り代わりかと近づくと、花は頼風を恨み嫌うかのように退き離れる。また立ち退くと、もとの立ち姿に戻る。その様を見て、妻の心中《しんちゅう》を知った頼風は哀しみ、罪を悔いて自らも命を絶ってしまう。その頼風の亡骸を葬った事から、ここは男塚（男山）と言われるようになったという。二人は恨み合って死んだため、今はともに刀葉林《とうようりん》地獄《じごく》の悪鬼に身を責め立てられ苦しんでいるから成仏させて欲しいと、僧に供養を頼むのであった。

《写真》「女郎花」後シテ・小野頼風の霊と後ツレ・頼風の妻の霊

恋する詞章

頼風《よりかぜ》その時に。かの哀れさを思ひ取り。無慙《むざん》やな我故《われゆえ》に。由《よし》なき水の泡《あわ》と消えて徒《いたづ》らなる身となるも。偏《ひとえ》に我《わ》が科《とが》ぞかし。若《し》かじ浮世に住まぬまでぞ同じ道にならんとて。続《つづ》いてこの川に身を投げて。

意訳

その時頼風は、川に身を投げ命を絶った妻の心を察して、「ああ可愛そうなことをしてしまった。儚《はかな》い身を水に投げて死んでしまったのも、全ては私の罪だ。いっその事、自分もこの世を捨て、たとえ地獄に落ちようとも同じ冥途《めいど》へ行こう。」と決心し、女の後を慕って自ら川にその身を沈めた…。

女郎花【おみなめし】

解説

恋の難しさは、恋する二人の心持ちが同じ時に同じ有《あ》り様《よう》である事はまずないということだ。しかもそれは時とともに互いに変化していく。たとえ女の中では慕るばかりの恋心だとしても、「その時には」男の中では忘れてしまう程の情に過ぎないかもしれない。仕事に忙しくて気が回らない時もある。女が訪ねても留守をする時もある。すれ違いなど常の事。不可思議なことに、情を交わした仲だからこそ、なおさら見えなくなってしまう事や、伝わらない事が出てくる。しかし、離見してみれば二人の間にあるのは結局のところ「一途な愛」であるのに、当人たちは恋という「魔物」に惑わされて、心乱されて、肝心な事に気づくことができない。恋とは得体のしれない感情。甘美な響きであってもそれが二人を幸せに導いてくれるとは限らないのだ。

この曲でも男と女はすれ違い、ともに自ら命を絶ってしまう。頼風（シテ）は訴訟のために都に上り、都の女と契りを結ぶ。都から帰る折には、必ず迎えを送るからと約束するが、忙しさにそのままになっていた。都の女は頼風を慕って都を下り逢いに来るが、男は留守。家の中から女の声がしたのか、それとも家族の讒言《ざんげん》によってか、男には他に妻（女）がいた事を都の女はこの時にはじめて知ってしまったとも考えられる。都の女は頼風が心変わりをしたと疑い、切なさに耐えきれずに川へ身を投げてしまう。そんな女の姿

■女郎花《おみなえし》
能では「おみなめし」と読む。秋の七草のひとつ。「おみな」は女の意。「えし」は「へし（圧）」で、「美女を圧倒する美しさ」から名付けられた（諸説あり）。その可憐さに魅せられて、昔から多くの和歌に詠まれた。『万葉集』では花そのものの美しさが詠まれることが多かったが、平安時代になると艶めかしく美しい女性のイメージが持たれるように。『古今和歌集』の和歌にも見られる。その選者の一人である紀貫之が書いた仮名序に「男山の昔を思ひいでて女郎花の一時をくねるにも歌をいひてぞなぐさめける（男山に咲く女郎花の伝説を思い出し、男が花に近づくと退く女郎花の花をも和歌を詠んで慰めるだ。）」とあり、この曲はそれに骨子に「男山に咲く女郎花」の説話をもとに創作したものだとされている。

から、頼風に対する想いの深さや受けた哀しみの深さが伝わってくる。さらに言えば、自ら死を選ぶことで、自分の心と同じように頼風の心を傷付けたかったのかもしれない。あるいは自ら命を絶つことで、頼風の心の中に永遠に生き続ける事を願ったのかもしれない。秋風にも揺れる様は頼りなくて美しいが、どこか艶めかしい「女郎花」。身を投げる時、女郎花と同じ山吹色の衣に身を包んでいたという「女」。花は女が隠し持っていた少しのしたたかさを漂わせる象徴でもあるのだ。

そして頼風もまた命を絶つ。観客はこの死によって初めて、男は女を「確かに」愛していたのだと納得することができる。それがこの一節の負う役目だ。妻がありながら、都の女と契るとは心多き男に変わりはないが、当時の結婚はそういったもの。それでも女の墓に咲く一本の「女郎花」の哀れな様子に心を寄せ、自らも川に身を沈めるというのは、純粋な男である。女が死んだのは自分の罪であると自ら認め、女と共に地獄に落ちて、悪鬼の責め苦を受ける覚悟もあるのだ。

しかし、実際に「刀葉林《とうようりん》地獄」に堕ちた男は、そこで心底何を思っただろうか。その苦しみは永遠に続く。永遠に、だ。この曲を「愛」ゆえに女と男がすれ違い、ついには二人ともに地獄へ落ちてしまった絶望的な話とするか、女郎花という可憐な花が誘う、昇華された純愛の物語であると考えるか。美しい黄色の女郎花が残像を残して終曲を迎え、シテが幕間に消えるまで、その結論が出ることはない。

■石清水八幡宮《いわしみずはちまんぐう》

京都府八幡市にある神社。男山(鳩ヶ峰)山上に鎮座する。旧称は男山八幡宮。宇佐八幡宮・筥崎宮《はこざきぐう》(または鶴岡八幡宮)とともに日本三大八幡宮の一社。八五九年、空海(弘法大師)の弟子であった南都大安寺《だいあんじ》の僧・行教《ぎょうきょう》が宇佐神宮に参詣した折に神託を授かり、これを受けて清和天皇の命により社殿を建立したのを創建とする。

曲の舞台となる「男山」は石清水八幡宮が鎮座している聖地。前シテの老翁が霊地の有難さを語るところも隠れた見どころ。この宮は、九州の宇佐八幡宮から勧進した神社であるので、ワキの僧も九州の松浦出身という設定になっている事も作者の趣向が感じられる。

memo

能楽豆知識④

刀葉林地獄

あの世を語る能の世界

能には、「この世の者」ではない人物が、「霊」となって登場する事が多い。そして生前の業により、今は地獄にあって苦しんでいると僧に訴え、供養を頼むという場面がよく見られる。

この曲のシテとツレが沈んだ地獄「刀葉林地獄」とは、衆合地獄の一部。生きている間に邪淫を重ねたり悪い関係を持った罪人がおちる地獄。『往生要集』よりその詳しい有様を見てみる。

獄卒（地獄で死者を責めるという悪鬼）は刀の葉をした樹の林の中に人間を放り出す。人間が樹上を見れば、麗しい端整な姿の女性がいる。その容貌に見惚れた者は、すぐにその木の上に登ろうとする。すると、刀の葉によってその者の身体は肉ばかりでなく骨さえも引き裂かれてしまう。苦痛を堪え、やっとの思いで樹の上に登って、女性をみれば、いつの間にか地上に降りていて、欲情を込めた媚びた目で、その人間を見ているではないか。それを見た人間は欲情にかられ、今度は地面に降り立とうとすると、再び刀の葉が身体のすべてを切り裂くのである。やっと地面に降りてみれば、かの女性は樹の頂上にいるではないか。この人間はまたもや、樹上に登っていく。百千億年という長い間、何度も登ったり降りたりしなければならない。このように身体を裂き、焼かれるのは邪淫欲情からでたものである。獄卒はこの罪人を攻め叱ってこういうのである。

「他人が作った悪業の報いではない。みな自分が作った自業自得の結果である。人間はすべて同じ繰り返しをしている。」と。

〈『往生要集』上，（『注釈版 真宗聖典 七祖篇』）803-804頁〉

土佐光信筆「十王図」（部分）、重要文化財
（京都西陣 浄福寺蔵）

定家

【ていか】

秘められた、道ならぬ恋。
永遠に逃れられない恋の妄執。

❖時……晩秋から初冬・十月
❖場所……京都・千本辺り（現・京都市上京区今出川千本東入般舟院前町）
❖曲柄……三番目物
❖登場人物…【前シテ】里女【後シテ】式子内親王ノ霊【ワキ】旅僧【ワキツレ】従僧【アイ】千本辺ノ者
❖素材……不詳
❖作者……金春禅竹

あらすじ

神無月十日も過ぎた頃。北国より京に上ってきた旅僧（ワキ）と従僧（ワキツレ）は、都の千本の辺りで足を止め、残る紅葉も美しい晩秋の夕景色を眺めて楽しんでいた。ところがにわかに時雨《しぐれ》が降り出し、近くの建物の軒端で雨宿りすることにする。そこへ一人の里女（前シテ）が現れる。女は、ここは藤原定家卿*が庵を建て、「時雨《しぐれ》の亭《ちん》」と名付け、時雨の降るこの季節にはここで歌を詠んだという由緒ある場所だと語り、こうして立ち寄ったのも何かの縁だから定家卿の菩提を弔うように勧めるのだった。さらに女は、今日はある人の命日だから一緒に供養して欲しいと頼む。案内された墓所には古びた石塔が立ち、蔦葛《つたかずら》が纏わりついてその形も定かではない。女は僧に、これは式子内《しょくしない》親王《しんのう》*の墓であり、葛《かずら》は「定家葛《ていかかずら》」と呼ばれていると教え、生前、内親王と人目を忍ぶ恋に堕ちて契りを結んだ定家卿の執心が、その思いの深さゆえに死してもなお葛となって内親王の墓を纏っているのだと謂《いわ》れを語る。その妄執は今も二人を苦しめていると僧に訴え、弔って欲しいと回向を頼む。そして、実は自分こそが式子内親王の霊であると明かし、姿を消してしまう。

【中入】

所の者（アイ）から、改めて時雨の亭や内親王と定家卿の恋物語を聴いた僧は、夜もすがら読経を続けていた。すると式子内親王の霊（後シテ）が墓から現れ、法華経の功徳により定家葛の呪縛も解けて成仏できると、僧の回向に感謝して袖を翻《ひるがえ》し報恩の舞を舞う。内親王の霊は醜く衰えてしまった我が身を恥じ、墓に戻っていくと、再び定家葛が生い茂り、元のように全てを覆い尽くしてしまうのであった。

《写真》「定家」後シテ・式子内親王の霊

恋する詞章

今は玉の緒《お》よ絶えなば絶えねながらへば。忍ぶる事の弱るなる。心の秋の花ずゝき。穂《ほ》に出《い》で初《そ》めし契りとて、又かれがれの仲となりて。昔は物を思はざりし。後《のち》の心ぞ。果てしもなき。

意訳

今はもう「玉の緒よ絶えなば絶えねながらえば忍ぶることの弱りもぞする(私の命よ、絶えるなら絶えてしまえばいい。生きながらえれば恋をしている事を隠し通せなくなってしまいそうだから。)」と心配した通り、やっと契りを結ぶ事が叶ったのに、二人の関係が人に知られて、再び滅多に逢えない仲となってしまいました。「逢い見ての後《のち》の心に比ぶれば昔はものを思はざりけり(ようやくお逢いして一夜をともに過ごしても、その後の切なさ辛さ。この思いに比べれば、逢えずに悩んでいた事など、まるで恋をしていないかのように淡いものだったと思えてなりません。)」というように、逢えなくなってからの物思いは、逢い始める前の比ではなく、一層思いが募るばかりです。

定家【ていか】

解説

誰にも知られたくない、知られてはいけない「秘めた恋」。許されているのは限られた時間と限られた空間。二人の心の中だけに押し込まれた恋心は、その反動からか激しく燃え上がる。降り積もり、抑えられた恋は根雪のように容易には昇華されず、その執着は永遠に続く。

後白河天皇の皇女で、賀茂神社の斎院*であった式子内親王と「百人一首」の選者でもある歌人・藤原定家は、歌道を通じ愛し合う仲となるが、すでに定家には正妻があり、皇女と臣下という身分の差も、十歳余りの歳の差もある。当時それは「道ならぬ恋」。だから二人はひた隠しにした。噂になやまされてか、内親王は病にて逝去。年下の定家が没するのは、能の中では内親王の後を追うように「程なく」となっているが、史実ではそれから四十年もの年月を経てからである。「定家は死してもなお内親王への思い断ち難く、定家葛となって内親王の墓を覆った…。」そこからこの能の物語が展開されていく。

能「定家」の詞章は「恋する心」を読み上げた秀逸な和歌の数々で紡がれている。平安の世を生きた歌人の「恋歌」が、前シテの「里女（後の式子内親王の霊）」の言葉に織込まれることによって、「恋する複雑な感情」が巧みに表現され、現代に生きる私達の心にもその感情が鮮やかに蘇る。いにしえ人もまた恋に悩んでいたことを知り、同調し、感銘

■藤原定家《ふじわらのていか》
平安時代末期・鎌倉時代初期という激動期の公家であり歌人。藤原俊成の二男。俊成の「幽玄」を更に深化させて「有心《うしん》」を唱え、後世の歌に極めて大きな影響を残す、日本の美意識を代表する歌人。二つの勅撰集、『新古今和歌集』、『新勅撰和歌集』を撰進。また『小倉百人一首』を撰じた。式子内親王の歌道を父とともに指南した。

■斎院《さいいん》の結婚
斎院を退下した後の結婚について、完全に禁じられていた訳ではないが、やはり天皇・皇族以外の相手との結婚は望ましくなかったとみられ、臣下と結婚した例は極めて少ない。この事からも、定家と式子内親王が二人の仲を公にすることが叶わないという当時の事情を垣間見ることが出来る。
「斎院」→二〇頁参照。

することができる。この詞章もその一つだ。ここに織込まれているのは「百人一首」にも選ばれた式子内親王の歌と権中納言敦忠の歌である。当時は人に知られず、ひとり悩む「忍ぶ恋」こそ恋の中で最も美しいとされた。忍んでこそ、深く、激しく、儚《はかな》い。恋の切なくも充実した美しい世界がある。たった一夜でも逢ってしまえば、恋への憧憬は消えてしまい、現実的な新たな悩みが心を覆う。もっと苦しくなり、もっと恋しくなる。同じように、私たちも逢っていた時より人目を気にして滅多に逢えなくなってしまった今の方が一層切なく苦しい。そう語っているのだ。

朝に切り払っても夕べにはまた生える定家葛《ていかかずら》。それは恋の妄執を象徴している。忘れたくても忘れられない定家の煩悩と、逃れたくても逃れられない内親王の苦悩。「恋する心」というは自身の心であっても、もはや自身の心にあらず、自らの意志でその心を簡単に断ち切る事はできない。だからこそ、式子内親王の霊は僧に仏力により妄執を断って欲しいと頼むのだ。僧の回向によって葛はほろほろと解け広がり、定家と内親王は共に恋の呪縛から解かれ、内親王は報恩の舞を舞う。しかし、「逃れたい」というのは果たして内親王の本心であろうか。ワキである僧に対して、また観客である私達に対して「恋」を「忍んでいる」のではないだろうか。曲の最後、再び墓を覆い始めた定家葛に抱きしめられるように姿を消していくシテの姿が全てを物語る。本物の恋とは何かを問いかけてくる。

■式子内親王《しょくしないしんのう》
平安時代末期の皇女。源頼朝をして「日本国一の大天狗」と言われた後白河天皇の三女。平家に反旗をひるがえした以仁王《もちひとおう》は同母兄弟。平清盛の娘・徳子を妻に持つ高倉天皇は異母弟。十歳の時に内親王宣下を受け、斎院に。以後約十年間、賀茂神社に奉仕した。新三十六歌仙、女房三十六歌仙の一人で歌人としても有名。定家の父・藤原俊成に師事。情熱的で艶やかな歌が多い。平家が栄華を極め、衰退し、源氏の世へと移り変わる激動の時代に、内親王という立場にあって自らも翻弄された。

memo

能楽豆知識⑤

能と日本の季節

観るだけではない「定家」の楽しみ方

日本は四季のある、美しい国。季節の移ろいを五感で感じとり、心を傾けて、様々に表現してきた。能もまた、季節と深く関わっている。多くの曲には、それぞれの物語の背景となる「季節」が決められており、詞章はその季節を表現する和歌や美しい言葉で彩られている。春夏秋冬、それぞれの季節に相応しい曲を心得ておくと、今までとは違う奥深い「季節の楽しみ方」が出来る。

能「定家」の季節は前述のように晩秋から初冬。「神渡し」という季節特有の西風に乗って日本中の神々が出雲の国に集まる「神無月」の頃だ。前場、降り出した時雨の雨宿りをしていた僧の前に女が現れ、ここは定家卿が建てた「時雨《しぐれ》の亭《ちん》」だと語る。定家卿はこの亭でどういう和歌を詠んだのかと僧が尋ねると、女は特に「この歌というものはありませんが」と次の和歌を口にする。

偽りのなき世なりけり神無月誰が誠より時雨そめけん

（「誠は天の道。これを誠とするは人の道なり。」とは言うけれども、結局この世は偽りばかりと思っていましたが、神無月になると必ず「偽りなく」時雨が降るのは、いったい誰の誠が天に通じたからなのでしょうか。神がいないとされるこの季節だというのに。）

この一首によって能「定家」が表現する季節感、空気感が伝わってくる。その世界が広がりをみせる。時雨が景色の輪郭を消していく中で、佇む女は何を思っていたのだろうか。「時雨」は冬の京都の風物。もし冬のにわか雨に降られた時、ふと定家や女の心に思いを馳せてみるのはどうだろうか。それも趣のある能の楽しみ方だ。

定家葛

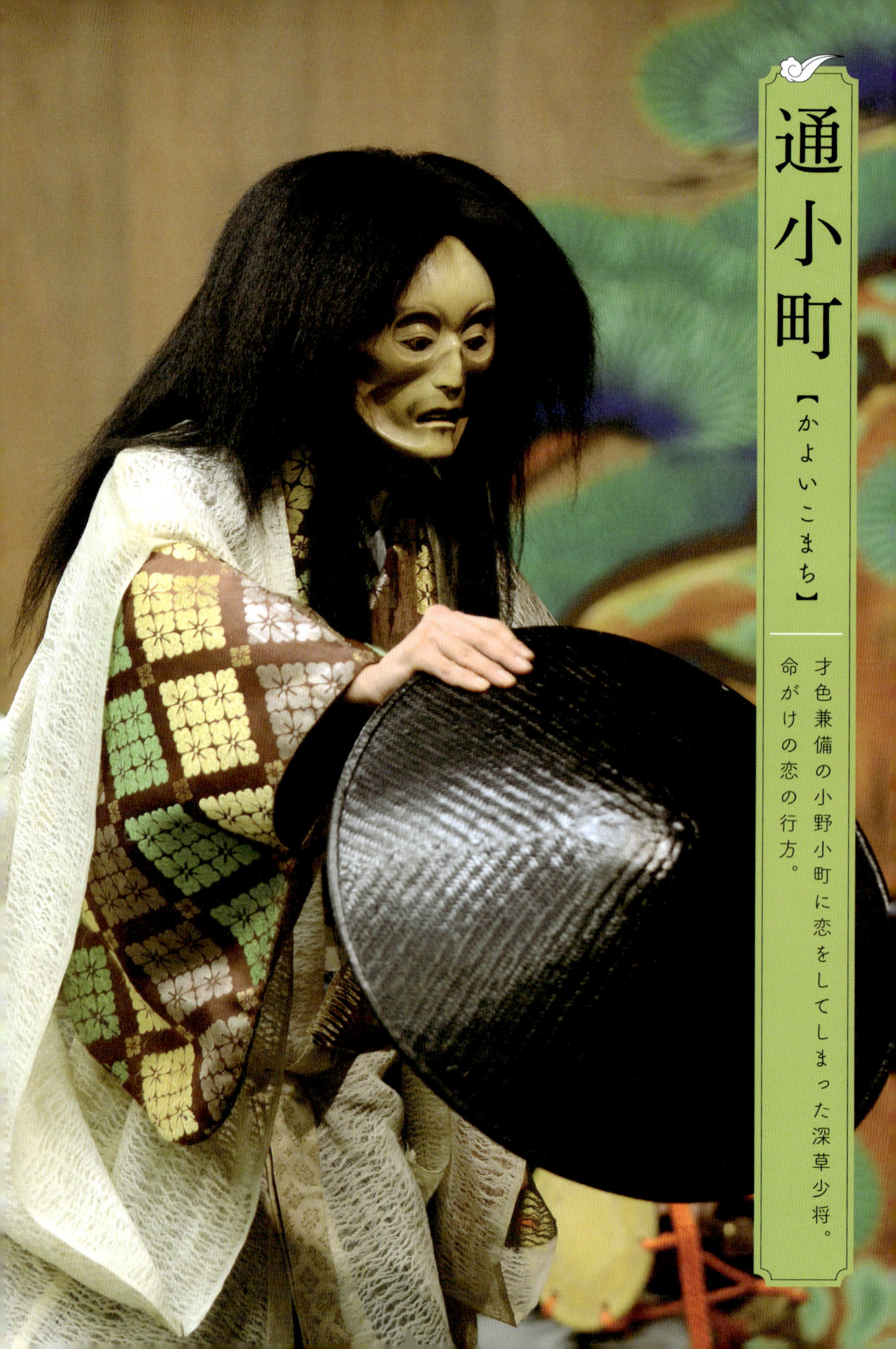

通小町

【かよいこまち】

才色兼備の小野小町に恋をしてしまった深草少将。
命がけの恋の行方。

通小町【かよいこまち】

❖時……秋・九月
❖場所……【前場】山城国 八瀬（現・京都市左京区八瀬）【後場】山城国 市原野（現・京都市左京区静市市原町）
❖曲柄……四番目物
❖登場人物…【シテ】深草少将ノ怨霊【前ツレ】里女【後ツレ】小野小町ノ化身【ワキ】修行僧
❖素材……歌論議、江家次第、古事談
❖作者……観阿弥改作

あらすじ

京・洛北八瀬の里で夏安吾《げあんご》*をする僧（ワキ）のもとへ、毎日木の実（果物）や薪《たきぎ》の小枝を持って来る女（前ツレ）がいた。今日もまた訪ねてきたので僧が持ってきた木の実について話して欲しいと言うと、女はそれぞれの謂《いわ》れや名前などを教える。そして僧が素性を問うと女は「私は小野の…やはり名乗ることはできません。薄《すすき》が生い茂る市原の野辺に住んでいる姥《うば》です。」と答え、僧に回向を頼むと姿を消してしまう。【中入】

僧は女の言葉が「秋風の吹くにつけてもあなめあなめ小野とは言はじ薄生ひけり（秋風が吹く度に私の目の穴を貫いて生えている薄が揺れて目が痛む。もはや髑髏《どくろ》となってしまっては小野小町*とは言えません。薄に埋もれている私ですから）」という小町の和歌を引いている事に気がつき、あれは小野小町の霊だろうと察して、市原野へ行き、小町の亡き跡を弔った。すると薄を分けて小町の亡霊（後ツレ）が現れて僧の読経を喜び、成仏するために仏戒《ぶっかい》を授けて欲しいと頼む。続いて深草少将《ふかくさのしょうしょう》*の亡霊（シテ）も現れ、一人地獄の責め苦から逃れようとする小町を恨み、共に愛欲の地獄に留まろうと小町の袂《たもと》を取ってその成仏を妨げようとする。涙に暮れる二人の正体を知った僧は受戒*を勧め、懺悔として「百夜通《ももよがよ》い」の有様を再現するように説く。少将と小町の霊は僧の求めに応じて昔語りを始める。少将は小町の言う通りに笠に蓑《みの》という惨めな姿に身をやつし、雪の夜も雨の夜も小町を慕って通い続けたという。闇夜にさ迷う様を再現する少将。そしていよいよ恋が成就する百日目、喜ぶ少将は紅《くれない》の狩衣《かりぎぬ》を身に着け、契りの盃を交わす時、飲酒が仏の戒めであったことを悟り、それがきっかけで仏縁を得た二人は共に成仏するのだった。

《写真》「通小町」シテ・深草少将の怨霊

恋する詞章

あかつきは。あかつきは。数々多き。思ひかな。我《わ》が為ならば。鳥もよし啼《な》け。鐘もただ鳴れ。夜も明けよ。たゞ獨《ひとり》寝《ね》ならば。つらからじ。

意訳

「明け方というのは、愛する人との別れが辛くて、あれこれ思いが募るものだ。」とあなたは言うが、夜が明けたからと言って、私の為に物思いにふけることなどないでしょう。私の為ならば、朝を告げる鶏も早く啼《な》けばいいし、鐘も早く鳴ればよい。そして夜も早く明けてしまえ。どうせ、(あなたに思いが届かず、受け入れてもらえない)私はただ一人で寝るのだから、夜明けなど辛くないのだ。

通小町【かよいこまち】

解説

ある時、人は恋をして、愛を育み、人生の日々を紡いでいく。男と女しかいないこの世の中で、それは誰もが叶える事が出来そうで、実はなかなか叶わない。だからこそ人は見つけた「愛」を「運命」とか「奇跡」と思うのかもしれない。絶世の美女といわれた小野小町でさえ「真の愛」を手にする事はできなかったのではないか。

その容姿の美しさはたとえようもなく、才能にあふれた小野小町は仁明《にんみょう》天皇の更衣《こうい》*だったという。寵愛を得てはいたが、愛する人が帝《みかど》であるかぎり、その御心を独占することは叶わない。小町の情熱的な歌の多くはこの頃に書かれたと言われている。しかし仁明天皇が崩御すると、小町は宮中を離れ、醍醐《だいご》寺の手前に居を構える。美しい小町に、いよいよ様々な男たちが関心を寄せ、恋焦がれた。この能に登場する深草少将《ふかくさのしょうしょう》もその中の一人であった。熱心に求婚する少将に、小町は「何があろうと一日も欠かさずに百日通って下さったら、あなた様の恋を叶えましょう。」と約束をする。その日から少将の百夜《ももよ》通いが始まる。夜毎に訪ねた証《あかし》として榧《かや》の実を小町の邸へ置いては帰る日々。しかし、思いを遂げられないまま百日目の夜に息絶えてしまう。

右の一節は九十九夜通ったからこその男の言葉である。恋人達にとっての「夜明け」は「別れ」を意味し、その心情は多くの物語や和歌となって語られてきた。しかし恋するが

■**夏安吾**《げあんご》
四月十六日～七月十五日までの九十日間、僧侶が外出を禁じて籠って行う仏道修行。

■**小野小町**《おののこまち》
平安前期九世紀頃の女流歌人。絶世の美女であったとされ様々な逸話が残されているが、実のところ詳しい系譜は不明。京都山科区小野御霊町の随心《ずいしん》院は深草の少将が百夜通いをした伝説の舞台とされ、小町晩年の姿とされる卒都婆小町像をはじめ、文塚や化粧の井戸などの遺跡が残る。

■**深草少将**《ふかくさのしょうしょう》
『古今和歌集』の詠み人知らずの歌をもとにした説話上の人物。小野小町のもとへ九十九夜通いつめながら、想いかなわず死んだとされる悲恋の少将。モデルは僧《そう》正遍昭《じょうへんじょう》との説が有力。京都市伏見区の欣浄寺《ごんじょうじ》に屋敷があったとも伝わる。

ゆえに九十九もの夜を通いながらも、小町と共に朝を迎えるどころか語ることさえ叶わずに、命を落としたという深草の少将の言葉に勝るものはない。だからこそ、この詞章は心に響くのだ。少将はこの能の中で募りに募った想いをやっと小町に語る事が叶う。そして鎮魂される。能では、もはや死んでしまった「あの世」の者がよく登場する。登場人物が「あの世とこの世」、「過去と未来」を自由に往来する。生きている時には語れなかった言葉、叶わなかった想いを語る。その言葉の一つ一つが時間と空間を越えた故《ゆえ》の独特の重みをおび、濃縮され、それが観る者の心を震わせるのだ。

小町が求めた「真の愛」。後宮では求めても得られなかった「真の愛」を、少将こそが実現してくれるのではないかと心のどこかでは願っていたのではないか。少将はその命に代え、百夜通うという行動で「真の愛」を確かに叶えたが、結局この世で二人は結ばれる事はなかった。その後、小町は誰とも愛をかわす事はなかったという。

■**受戒**《じゅかい》
仏戒を受ける事。仏の教えに帰依し、仏弟子となる証として、出家・在家の別なく定められた仏教の戒律を授かり、それを守ると誓うこと。

■**更衣**《こうい》
天皇の後宮の位の一つ。本来、天皇の衣替えに奉仕する女官の称であったが、後に天皇の寝所に侍した女性の称となる。身位は皇后・中宮・女御に次ぐ。

memo

能楽豆知識⑥

小野小町が登場する能

移りゆく花の色。才色兼備の女の末路を知る。

小野小町は若くしてはその美貌と才知で宮廷を席巻したが、老いては零落、乞食となってのたれ死にしたという。あくまで伝説であるが、数奇な運命だ。小町を題材とした能は10曲あったとされるが現行は紹介した「通小町」の他に４曲。そのうち「草子洗小町」以外の３曲は、零落した小町を描いている。「卒都婆小町」では小野小町のなれの果てである、乞食の老婆がシテ。深草少将の霊が小町に憑き、百夜通いの様を再現する。「鸚鵡《おうむ》小町」は近江で侘び住まいをする老いた小町の心情を描いた作品。帝から届いた和歌を一字だけ換えてその返歌とした、小町の才気が垣間見れる。「関寺《せきでら》小町」では小町が関寺の住僧に昔の栄華と今の落魄《らくはく》の様を語る。この曲は老女物の中でも最高峰に位置する秘曲だ。

彼女ような女性が生きるには、時代が追いついていなかったのかもしれない。それが小町の不幸なのだ。

「草子洗小町」のあらすじ

大伴黒主《おおとものくろぬし》は、歌合で小野小町を相手にする事となった。勝ち目がないと考えた黒主は、歌合の前日、小町の邸に忍び込み、小町が明日のために詠んだ歌を盗み聞きする。歌合当日、小町の歌が詠み上げられるが、黒主は「その歌は既存の古歌である」と難ずる。『万葉集』の草子には、確かにその歌が書き込まれていた。窮地に立たされる小町だが、黒主の入れ筆と見破り、その草子を洗う。するとたちまち黒主の書き足した歌は消え失せ、彼の悪事が明らかとなる。

上村松園筆「草紙洗小町」(東京藝術大学蔵)
小町が絶世の美女であった「花の時分」を扱っているのは、この「草子洗小町」１曲だけである。

半蔀【はじとみ】

夢のように花のように儚い、夕顔の恋。
可憐で無垢な女性が愛される理由《わけ》。

半蔀【はじとみ】

❖時……秋・九月
❖場所……【前場】京都・紫野雲林院（現・京都市北区紫野雲林院町）【後場】京都・五条の辺り（現・京都市下京区堺町高辻夕顔町）
❖曲柄……三番目物
❖登場人物…【前シテ】里女【後シテ】夕顔ノ君ノ霊【ワキ】雲林院ノ僧【アイ】北山ノ者
❖素材……源氏物語　第四帖「夕顔の巻」
❖作者……内藤左衛門（河内守）

あらすじ

紫野《むらさきの》・雲林院《うんりんいん》の僧（ワキ）は、夏安吾《げあんご》*の間、毎日仏に花を供えて供養していた。修行が終わろうというある日、一層美しい花を供えて花の供養を行う事にする(立花供養《りっかくよう》)*。そこへ美しい女(前シテ)が現れ、白く可憐な花を捧げる。その花が一際美しかったので、僧はその花と女の名を尋ねた。花の名は夕べに咲く夕顔*という花で、自分はこの花の陰からやってきたと言う。そして「五条辺りに住む夕顔という者で…。」と言い残し、供えられた立花の陰に姿を消してしまう。【中入】

僧は花の供養に訪れた北山に住む者(アイ)から光源氏と夕顔の君*の恋物語を聴く。「夕顔の君」と呼ばれた女は人目を偲《しの》んで五条辺りに住んでいた。その館の生垣に夕顔の花が咲き乱れているのを源氏の君が目にし、供の者にその花を手折《たお》るように言う。すると使いの女《めの》童《わらわ》が「これに載せて差し上げて下さい。」と扇を持ってきた。その扇には香が薫《た》きしめられており、女がしたためた歌が一首添えられていた。心惹かれた源氏は返歌をし、それがきっかけとなって二人は逢瀬を重ねるようになる。しかし八月半ばの夜更け、女は物《もの》の怪《け》に憑りつかれ、源氏の横でそのまま息絶えてしまったという。僧は女の霊を弔おうと五条辺りを訪れる。草生い茂る寂しい景色の中に、荒れ果てた夕顔の宿が建っていた。僧が菩提を弔うので姿を見せて欲しいと頼むと、それならばと夕顔の君の霊(後シテ)が半蔀戸《はじとみど》*を押し上げて現れる。夕顔の花を縁として契りを結んだ光源氏との思い出を語り、舞を舞う。そして僧に自分への回向を重ねて頼むのだった。夜明けとともに夕顔の君の霊は再び半蔀の中へ静かに消えていく。目覚めた僧は全てが夢であった事を知るのであった。

《写真》「半蔀」後シテ・夕顔の君の霊

恋する詞章

折りてこそ。それかとも見め。たそかれに。ほのぼの見えし。花の夕顔《いうがお》。花の夕顔。花の夕顔。終《つい》の宿りは。知らせ申しつ。

意訳

「折って手に取ってこそ、その花が夕顔であるとわかるように、近くに寄って見なければ誰かとはわかりませんよ。黄昏《たそがれ》時の薄明りでぼんやりと見たのだから。美しい花の夕顔かどうかは。（まして、私が源氏だとは）」と（かつて源氏の君が私に）おっしゃったように、（もっとお近づきにならなければ、私のことなど分からないのではと思い、その昔源氏の君にお知らせしたように、御僧にも）私の本当の住家をお知らせしたのです。

解説

『源氏物語』で描かれる主人公・光源氏の数々の恋模様。中でも若き源氏と儚《はかな》げな女君・夕顔との恋物語は異彩を放ち、その長い物語を読み終えるまで、読む者の心に独特の深い印象を残す。気が弱く、身体が弱く、押しに弱く、後ろ盾が弱く、意志が弱い、夕顔の花のような姫。しかし、「この人がいなければ、生きていけないのでは。」と源氏に思わせ、虜にしてしまう程の魅力をこの女性は持っている。そしてそんな女性がこの曲の主人公だ。

六条御息所のもとへ通う途中、病気の乳母を見舞いに行った源氏は、その隣の家の荒れた垣根に咲いている白い花に心惹かれ、供の者に手折ってくるように命じる。供の者が花を折るとその家の中から使いの女童が「これに載せて差し上げて下さい。しっかりした枝のある花ではありませんので。」と扇を持って来た。扇には香が薫《た》きしめられており、そこには一首の歌が添えられていた。

「心あてに　それかとぞ見る白露の　ひかりそへたる　夕顔の花（白露の光をそえた夕顔のような御姿はもしかしたら光源氏の君でいらっしゃいますか）」

と。この歌を詠んだ女君が「夕顔」である。それに対して源氏が、

「寄（折）りてこそ　それかとも見め　たそかれに　ほのぼの見つる　花の夕顔」

■夏安吾《げあんご》

→一〇三頁参照

■立花供養《りっかくよう》

切られたり、手折られたりした花を供養する事。またその仏事のこと。

能「半蔀」には「立花供養」という小書《こがき》（特殊演出のこと）がある。ワキの出に先立って舞台の正先《しょうさき》に立花（生け花）を出す演出。花を生けるのは、本来、池坊流に限られたものであったが、近年は他流でも行われている。

■夕顔《ゆうがお》

初夏に白い花を咲かせる。その名は夕方に咲き、朝には萎んでしまうところに由来している。平安時代には既に栽培されており、『源氏物語』や『枕草子』に描かれている。

と返す。今回の詞章に織込まれているのはこの歌だ。蛍が飛び交う夏の夕べに、十七歳の源氏と十九歳の夕顔はこうして出会い、程なく結ばれる事となる。源氏の君から初めて受け取った返歌は、夕顔にとって大切な思い出の歌となったであろう。それが能「半蔀《はじとみ》」の物語へと繋がっていく。

『源氏物語』の作者・紫式部は、夕顔の魅力を「言いようもなく素直で、物柔らかにおっとりしていて、考え深いとかしっかりしているところはあまり感じられず、ひたすら幼なじみて初々《ういうい》しく無邪気なところ」と書いている。この頃、同じく源氏の恋人であった六《ろく》条御息所《じょうのみやすどころ》は、何事においても自分の意志で決断し、行動しようとする女性で、夕顔とはあまりにも対照的である。だからこそ源氏にとって、夕顔は殊更《ことさら》愛しい存在となったのであろう。二人は逢瀬を重ねる。しかしある夏の夜、嫉妬のあまりに生霊となった六条御息所に取り憑かれ、夕顔は源氏の横で突然息絶えてしまう。源氏の絶望とともに、二人の恋は瞬く間に終わりを迎える。

後シテ・夕顔の君の霊は可憐で無垢で美しい。そして僧の夢とともに儚《はかな》く消えてしまう。まるで夕暮れ時にひっそりと白い花を咲かせ夜明けには萎《しぼ》んでしまう「夕顔の花」のように…。「花の命」や「女の命」と同様、「恋」もまた夢のように儚いもの。この能はそう語っている。

■夕顔《ゆうがお》の君《きみ》
『源氏物語』の第四帖「夕顔」に登場する女君。三位中将の息女で、両親と早くに死別。頭中将の側室となって娘(玉鬘)を産むが、正室の責めに遭い、五条辺りでひっそりと暮らしていた。光源氏が女君の家の垣根に咲く夕顔の花を見留めた事が縁で歌を取り交わし、互いに身分を隠して逢瀬を重ねるようになる。ところが突如として女の霊に憑かれ、息を引き取る。物語上ではこの「霊(物の怪)」の正体について具体的には触れないが、六条御息所の生霊であるとするのが一般の説。

■半蔀《はじとみ》
上下に分かれている蔀戸《しとみど》。上半分を外側へ吊り上げるようにし、涼や明かりをとる。下半分ははめ込みになっている。

memo

登場人物考⑤

光源氏

一度でいいから愛されたい。女性たちの憧れの的。

紫式部作『源氏物語』の主人公。第１帖「桐壺」から第40帖「幻」まで登場。桐壷帝の第二皇子。母は桐壷更衣。最初の正妻は左大臣の娘・葵上。高貴な生まれと光り輝く美貌、そして類まれな才能に恵まれ、「光る君」と言われた。しかし後ろ盾が無いために皇位継承から外れざるを得なくなり、源氏姓を賜って臣下として生きる道を強いられる。３歳にして母を亡くす。母へ面影を求めたのか、多くの女性と関係を結んだ（物語上では13名)。父の妻・藤壷との間に不義の子を成しながらも隠し通すが、後の正妻・女三の宮が心ならずも柏木（頭中将《とうのちゅうじょう》の息子）と密通し、不義の子が生まれてしまう。気が付かないふりをしながらも、自分が犯した罪の重さを自分の身を持って思い知らされる事になる。政治的には一時の左遷を経ながらも、復帰後は出世を続け、ついには准太上天皇まで登りつめる。

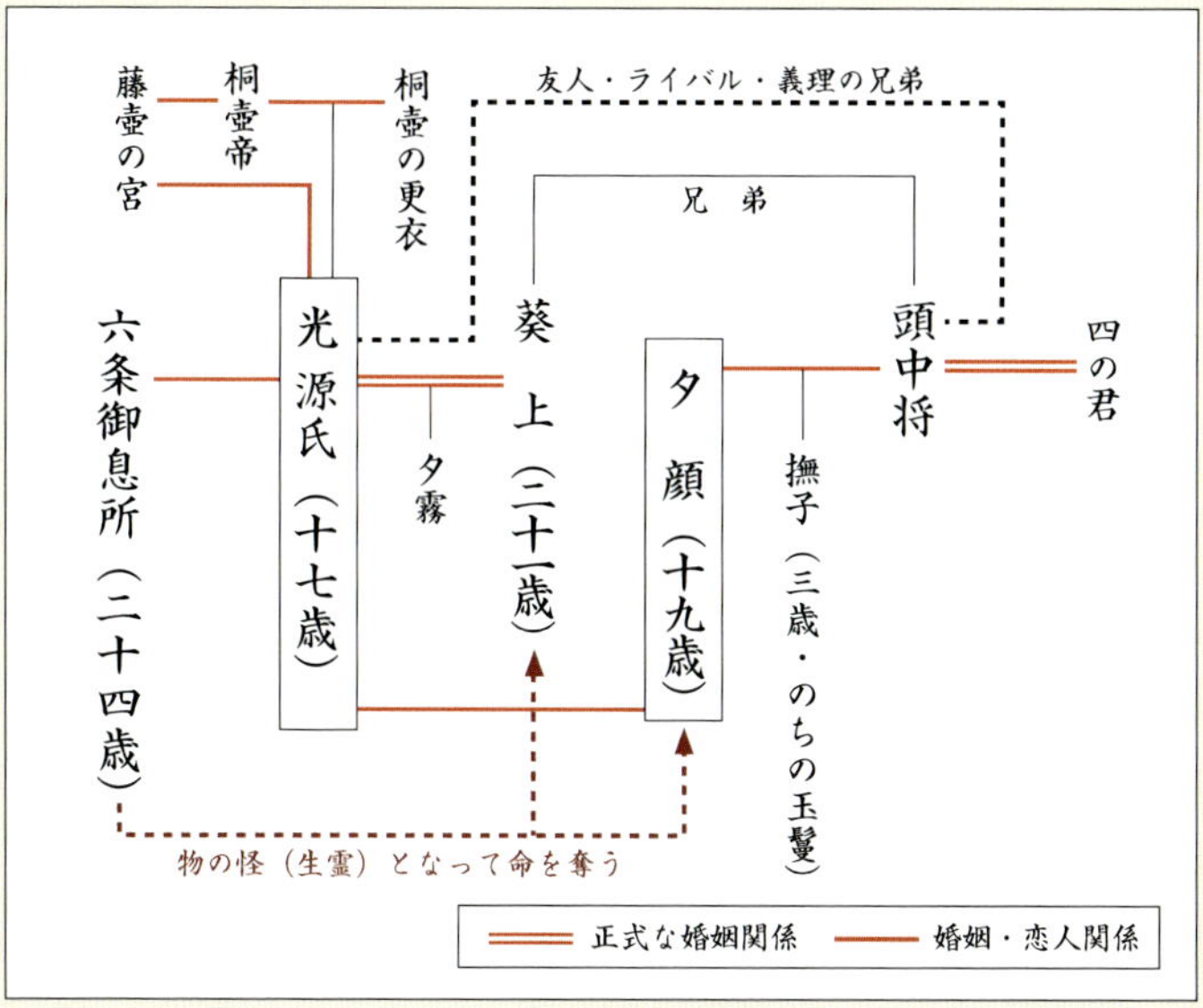

『源氏物語』第四帖「夕顔の巻」の主な登場人物の相関図

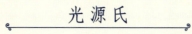

野宮

【ののみや】

六条御息所の恋の終わらせ方。
恨んではいても愛さずにはいられない女心。

野宮【ののみや】

❖時……秋・九月七日
❖場所……山城国・野宮（現・京都市右京区嵯峨野野々宮町）
❖曲柄……三番目物
❖登場人物…【前シテ】里女【後シテ】六条御息所ノ霊【ワキ】旅僧【アイ】嵯峨野ノ者
❖素材……源氏物語　第十帖「賢木の巻」
❖作者……世阿弥（金春禅竹とも）

あらすじ

晩秋、旅の僧（ワキ）が京都・嵯峨野の野宮《ののみや》*の旧跡を訪れ、昔と変わらぬ様子の黒木の鳥居や小柴垣に感心し、仏道にある自分も伊勢大神宮の導きで神仏の隔てなく参拝できたと喜ぶ。そこへ榊《さかき》を手にした女性（前シテ）が現れ、野宮は斎宮*が潔斎をした所で今日九月七日は昔を偲《しの》んで神事を行う日なので速やかに立ち去るようにと僧を促すのだった。その訳を尋ねると、光源氏が六条御息所《ろくじょうのみやすどころ》*を訪れた日が今日という日であるという。御息所は前東宮の妃として時めき栄えていたが夫に先立たれ、その後に恋仲となった光源氏との逢瀬も途切れがちになっていた。しかし源氏が遥々《はるばる》露芝を踏み分けてこの野宮まで御息所を訪ねて来られたのは浅からぬ情があったからこそだと語る。心を尽くして言葉をかける源氏であったが、御息所の決意は変わらず、「鈴鹿川八十瀬《やそせ》の波に濡れ濡れず伊勢まで誰か思ひおこせむ（伊勢神宮を流れる五十鈴川《いすずがわ》の瀬で、波に濡れるように私が涙で袖を濡らしても、伊勢の遠い地に行ってしまったら都のどなたが私を思って下さるでしょう。思って下さる方など、もはや居りませんもの。）」と詠んで源氏に送り、斎宮となった娘と伊勢に下向して行ったという。実は自分こそがその御息所なのだと明かし、黒木の鳥居に立ち隠れて姿を消す。【中入】

僧が野宮の森で御息所を弔うため読経していると、六条御息所の霊（後シテ）が網代車《あじろぐるま》に乗って再び現れる。賀茂《かも》の祭の折に源氏の正妻・葵上《あおいのうえ》と車争いをして、屈辱を受けた我が身の無力を嘆き、その妄執を晴らして欲しいと頼む。そして野宮で源氏と対面した思い出を懐かしみ、静かにそして美しく舞を舞う。恋に囚われた我が身の過去を顧みながら、想いを残しながらも再び車に乗り込み僧の前から去っていく。

《写真》「野宮」後シテ・六条御息所の霊

恋する詞章

此処《ここ》は元より忝《かたじけな》くも。神風や。伊勢の内外《うちと》の鳥居《とりい》に出《い》で入《い》る姿は生死《しょうじ》の道を。神は受けずや。思ふらんと。また車に。うち乗りて火宅《かたく》*の門《かど》をや。出《い》でぬらん火宅の門《かど》。

意訳

「ここ野宮はもともと、畏れ多くも伊勢神宮の内宮・外宮も同様の神域であるのに、その鳥居を出入りする我が姿は生死の輪廻をさ迷っている有様で、神様はご不快にお思いでしょう。」と言って御息所はまた網代《あじろ》車に乗り込んだが、その車で果たして迷いの世から抜け出すことが出来たのであろうか。この迷いの世の出口となるこの門を…。

解説

恋愛に始まりがあれば、終わりもある。その人の「本性」が現れるのは、恋の始め方より断然、終わらせ方ではないだろうか。

『源氏物語』で主人公・光源氏と恋に堕ちた女人のうち何人かの女君は、自分の心を「恋の妄執」から解き放つため、自ら「出家」をして、恋の幕引きをした。源氏の手の届かないところへ、自ら背筋を伸ばして踏み出していく。

六条御息所《ろくじょうのみやすどころ》もその一人だと言えよう。正妻・葵上を死なせた生霊の正体が愛人・六条御息所だと知ってしまった源氏は、自分の不実が招いたことだと感じながらも彼女を疎ましく思ってしまい、御息所のもとへ通わなくなってしまう。源氏に見限られたと悟った御息所は、源氏との恋を断ち切るため、娘である斎宮の伊勢下向に付き添って都を離れる決意をする。母娘は精進潔斎のため野宮に逗留。そこへ源氏が訪れる。源氏と御息所の美しくも切ない「別れ」を描いたのが『源氏物語』賢木の巻・野宮の段であり、能「野宮」の主題なのだ。

御息所に逢うため遥々《はるばる》野宮に向かう源氏。辿り着くまでの道行、嵯峨野の情景が源氏の心を潤し、御息所への思いを蘇らせる。秋の草花はすでに枯れて淋しい風情ではあるが、月の清かな光が辺りを柔らかな銀色に染める。庭に広がる端正な苔は、露を含んで緑を濃

■六条御息所《ろくじょうのみやすどころ》

『源氏物語』に登場する女君。父は大臣。十六歳で桐壷帝の弟・前東宮の妃となる。一女をもうけるが二十歳で夫と死別。後に光源氏の愛人となる。美しく気品があり、教養、知性、身分ともに優れ、誰もが憧れる女性だが、プライドの高さや物事を極端に思いつめる性格のためか源氏がもてあますようになり、逢瀬も間遠になる。そんな折、賀茂祭の「車争い」で源氏の正妻・葵上の下人に恥辱を受け、その怨みと嫉妬のため生霊となって葵上に憑りつく。自らの生霊が葵上を苦しめ、源氏にもそれを悟られたと知った御息所は、源氏と決別するため、斎宮となった娘とともに伊勢に下ることを決意。没後も死霊となり紫の上、女三の宮を襲う。

→「車争い」は二一頁参照。

くし、宮内の少し冷えた秋の空気をさらに瑞々しく変えていく。とぎれとぎれの虫の声だけが静寂を潜り抜ける。再会する二人。潔斎のための聖域では、男女の秘め事は許されない。源氏は御息所のいる御簾《みす》の中へ手折《たお》ってきた榊《さかき》の枝を差し入れる。互いの心中は如《い》何《か》ばかりだろうか。凝縮された二人の時間。抑え込まれた恋の焔《ほのお》。源氏は半身だけ御簾をくぐり、御息所の手を取るが…。

この段で六条御息所は「物《もの》の怪《け》」ではなく、「大人の女性」として輝く生命を取り戻し、源氏の心に忘れがたい余韻を残す。逢いに来た源氏に心が揺れながらも「別れの美学」を通した凛とした女性として描かれる。

しかし、作者・紫式部は「六条御息所」を決して他の「出家した女君」と同じにはしなかった。物語において「御息所」はやはり特別な存在なのだ。出家しても、死してまでも、心の奥底でどうしても源氏を求めてしまう「女の業《ごう》」を御息所という女性を通して描いた。恥ずかしい事と思いつつ、それでも嫉妬心が胸の奥から吹き上がって止《や》まない。自尊心と執心がせめぎ合う彼女の「恋」の哀れさは、古今、女性であれば誰にとっても他人事ではない。彼女だけが持つ特別な感情ではないのだ。御息所は死霊として物語に再び登場する。源氏の最愛の女性・紫の上に憑りついて命を奪い、源氏を死に至らしめたのも御息所とする説もある。

能「野宮」では、恋に囚われてしまった複雑な女心を最後の最後、この詞章をもって巧

■野宮《ののみや》
斎宮が内裏内で初斎院《しょさいいん》（一年間の忌籠りをする）の後、「潔斎」という聖なる生活を営むために籠る宮城外の仮の宮。野宮神社がその跡地と言われるが、嵯峨野のどのあたりにあったのか、正確な位置は判っていない。野宮は黒木（皮のついたままの木材）で造られ、そのため黒木の鳥居が野宮の象徴とされた。

■斎宮《さいくう》
天皇の即位ごとに天照大神《あまてらすおおみかみ》の御杖代《みつえしろ》として伊勢に派遣された斎王と、その宮殿官衙施設をいう。「いつきのみや」とも。斎王は未婚の内親王あるいは女王の中から卜占《ぼくせん》で定められる。

■火宅《かたく》
仏教用語。煩悩《ぼんのう》や苦しみ、迷いに満ちたこの世を、火炎に包まれた家にたとえた語。

みに表現をしている。「火宅《かたく》の門をや、出《い》でぬらん」と御息所が恋の妄執から解脱《げだつ》したのかと思わせながら「火宅の門。」と体言留めで終わって、「出る」事を明確にしないのは、源氏との恋に苦しみ悩むことを「終わりにしたい」という願望もある一方で、「本当に終わりにしてしまうのか」と心が残ってしまっている心情を暗示している。御息所が恋の妄執を断ち切り、「火宅の門」を越えられるか否か、黒木の鳥居を越えられるか否かは、観客が御息所の恋をどうとらえるかで決まるのだ。

野宮神社 黒木の鳥居（Shalion/PIXTA）

求塚

【もとめづか】

娘の純粋さが悲劇を生んでしまう。
恋道の恐ろしさを知る。

求塚【もとめづか】

❖時……春・三月
❖場所……摂津国 生田（現・兵庫県神戸市中央区生田町）
❖曲柄……四番目物
❖登場人物…【前シテ】菜摘女【後シテ】菟名日少女《うないおとめ》ノ霊【ツレ】菜摘女二、三人【ワキ】旅僧【ワキツレ】従僧【アイ】生田ノ者
❖素材……万葉集 巻九、大和物語
❖作者……観阿弥

あらすじ

摂津国・生田《いくた》の里を訪れた西国の僧（ワキ・ワキツレ）は、まだ雪の残る野辺で菜摘の女たち（前シテ・ツレ）に出会う。僧が求塚*の所在を尋ねると、女たちはつまらぬ事を聞かないで欲しいと言って、若菜を摘むと帰ってしまった。ところが一人だけ残る女がいた。女は僧を求塚へと案内し、塚の由来を語り出す。昔、二人の青年から思いを寄せられた菟名日少女《うないおとめ》*は、どちらの男とも決めかね、生田川の鴛鴦《おしどり》を射止めた男に従い、夫とすることにした。ところが二人の矢は同時に一羽の鳥を射当ててしまう。自分の為に男たちは争いになり、罪なき鴛鴦まで殺してしまったと女は思い悩んで、ついに生田川に入水。それを聞いた男たちもまた刺し違えてともに死んでしまったという。この菜摘女こそ、実は菟名日少女の霊であった。「私の深い罪が救われるようにお助け下さい。」と僧に回向を頼むと塚の中へ消えてしまう。【中入】

僧は、所の者（アイ）から塚にまつわる菟名日少女と血沼丈夫《ちぬのますらお》*、小竹田男子《ささだおのこ》*という二人の男の悲しい物語を改めて聴く。僧が先刻出会った菜摘女の話をすると、里人はそれこそ塚の主の霊であろうとその弔いを勧めて帰る。その夜、僧が経を読んでいると、塚の内から声が聞こえてきて、菟名日少女の霊（後シテ）が現れる。罪への呵責によってやつれ果ててしまったその姿はまるで老女のようで、もはや少女の面影はない。二人の男の亡魂や鉄鳥《てっちょう》と化した鴛鴦に責められ、逃げようとしても行き場のないすさまじい八大地獄の有様を生々しく再現して見せる。僧の供養によって菟名日少女の霊は、一時の安らぎを得るが、救われることなく、再び暗闇の中、求塚へと姿を消すのであった。

《写真》「求塚」後シテ・菟名日少女の霊

恋する詞章

かの女思《おも》ふやう。彼方《あなた》へ靡《なび》かば此方《こなた》の恨みなるべしと。左右《そう》なう靡《なび》く事なかりしに。様々の争《あらそ》ひありし後《のち》。あの生田川《いくたがわ》の鴛鴦《おしどり》を射《い》る。二人《ふたり》の矢先諸共《やさきもろとも》に。一つの翼《つばさ》に當《あた》りけり。その時わらは思ふやう。無慙《むざん》やなさしも契りは深緑《ふかみどり》の。水鳥までも我故《われゆえ》に。さこそ命も鴛鴦《おしどり》の。つがひ去りぬる哀《あわ》れさよ。住みわびぬ我《わ》が身捨てゝん津の国の。生田の川は名のみなりけりと。

意訳

その女は自分が一人の男に気を許せばもう一人の男が恨みを抱くだろうと、容易に一方に従わなかったが、二人の男の間に様々争い事があった後、（女が生田川の水鳥を射当てた方に従うと言うので）男二人が水鳥を射ると、二人の矢が同じ翼に命中してしまった。その時私は思いました。「可愛そうに、あれ程雌雄《しゆう》の契りの深い水鳥（鴛鴦《おしどり》）までが私のせいで命を落とし、鴛鴦の夫婦の仲が裂かれてしまった。さぞや命が惜しかっただろうに。不憫《ふびん》な事をしてしまった」と。「この先どうやって生きていってよいか解らない。生田川に身を投げて死のう。川の名は『生田川』だけれど、生きる甲斐のない所、生きる甲斐のない私であった」と。

解説

男女を意識する程の年齢になっても、あまりに純粋である者、無垢である者が恋をすると、時として相手を死に至らしめるほど深く傷つけてしまう事がある。人として大切な「優しさ」や「思いやり」が、思いもかけず仇《あだ》になる。そればかりか「罪なき罪」を背負う事となり自らを地獄に導いてしまう事もある。だから「恋道」は恐ろしい。

二人の男性に慕われ、少女《おとめ》が身を処しかねて悩む。少女が心を寄せていたのは、そのうちの一人だけだった。しかしどちらか一人に決めるなど、人を傷つけることはできない。「私ゆえに…」男たちは競い、「私さえいなければ…」男たちは争う事はない。ましてや「私のために…」恋の賭けの犠牲にして鴛鴦《おしどり》の命を奪ってしまった、番《つが》いの二羽を引き離すこともなかったと。はじめ、前シテは一人の菜摘女として「かの女思ふやう…」と求塚の謂《いわ》れを語っていたが、鴛鴦を射殺してしまったというくだりを口にした途端《とたん》、ついに思い溢《あふ》れて「その時わらは思ふやう…」と菟名日少女《うないおとめ》の事を自分の事として語り出す。前シテはワキである僧に、そして見所《けんしょ》の観客に、自らその正体を明かすことになる。ほんの一言のセリフのほんの一瞬《ひととき》で、舞台に緊張感が走る。この世では私の秘めた恋は叶わない。それどころかいつのまにか罪深い身となってしまった。生田の川は生きるという名前であるのに、私はこの命を生き抜くことが出来ず、むしろその川に身を投じようとしている…。

■処女塚《おとめづか》と二つの求女塚《もとめづか》

一人の女と二人の男の墓と伝わる塚が神戸市に残っている。処女塚を左右（東西）に挟むように二つの求女塚がある。

三古墳とも発掘調査され、古墳時代に築造されたものだが、その詳細な時期や実際の被葬者は伝説と一致しないことが判っている。

しかし、今に残るその名称や伝説に万葉の人々の豊かな想像力を感じずにはいられない。

・処女塚古墳
菟名日少女《うないおとめ》の墓とされている。神戸市東灘区御影町にある前方後方墳。箱式石棺。

・東求女塚
血沼丈夫《ちぬのますらお》の墓とされている。神戸市東灘区住吉町にある前方後円墳。

・西求女塚
小竹田男子《ささだおのこ》の墓とされている。神戸市東灘区都通にある前方後円墳。

少女の力ではどうすることもできない、純粋さゆえの苦悩が彼女の心に重くのしかかる。そんな時どうすればいいいか。思いつく程の経験が少女にあるはずもない。自分に残された道は、せめて自らの「気高さ」を守る事だけ。命を自ら断つと決めた者の深い哀しみ。この詞章を読み返せば返すほど、その心情がじわりじわりと伝わってくるから不思議だ。

救いのない物語は続いていく。男たちもまた、恋に囚われて少女の後を追い、刺し違えて死んでしまう。当時、一人の女性が複数の男性から同時に愛されることは、仏教的に「罪」であり、地獄に落とされると考えられていた。「その罪」によって少女は地獄へ落ち、死んだ後も永劫《えいごう》に滅却《めっきゃく》されない業火《ごうか》に焼かれることになる。地獄の有様は壮絶だ。二人の男は女の両手をそれぞれに引っ張って連れて行こうとする。射抜かれて殺された鴛鴦は鉄の鳥となって剣のような口ばしで少女の頭をつついて髄《ずい》を喰らう。後ろは山で、前は海。逃げようにも逃げ場がない。仕方がないので火宅《かたく》の柱にすがろうとするとたちまち火炎となって身を焦がす。あまりの苦しさに思わず「こはそもわらはがなせる科《とが》かや、あらうらめしや（このような責め苦を受けるのは、私が犯した罪の報いなのだろうか。ああ、うらめしい）」と本心がシテの口をつく。しかし、僧の読経によっても、何故か少女の霊は成仏しない。能は鎮魂の芸能。多くの曲で、シテが何かの霊である場合、僧の回向によって成仏していく。この曲でも「執着の一念を翻せば、数限りない罪も全て消えて成仏できる」と僧は諭すが、少女の霊は終曲に至っても成仏せず、ふらりふらりと再び求塚に帰っ

■**菟名日少女《うないおとめ》**
『万葉集』巻九及び巻十九に詠まれた女性。摂津の国（大阪府北部・兵庫県）の者。二人の男から求婚され、自ら命を絶ち、男たちもまたその後を追って死んだという悲恋の伝説があり、それを偲んで高橋虫麻呂、田辺福麻呂、大伴家持の三人が歌っている。平安時代に成立した『大和物語』にも、この伝説をモチーフとした物語「生田川伝説」がある。

■**血沼丈夫《ちぬのますらお》**
和泉の国（大阪府南西部）の者。菟名日少女に求婚した二人の男のうちの一人。少女とは相愛であったとされるが、異郷の男だったため、婚姻が難しかったという時代背景が伺える。

■**小竹田男子《ささだおのこ》**
摂津の国の者。菟名日少女に求婚した二人の男のうちの一人。少女と同郷。

ていく。たとえ地獄で身を焼かれても一念を捨てないのだ。では、少女の霊が「執着する一念」とは何か。その問いに対する答えを出すのは観客だ。舞台を観終わった後、一人一人に委ねられる。

観世流ではあまりに内容が陰惨なため、長らく廃曲になっていた。能「求塚」は恋に身を焦がす事の危うさを私たちに諭しているのか。甘い恋の本性をみる心地にさせる。

「求塚」前シテ・菜摘女
純真無垢な少女の姿。地獄に落ち、苦しんでいる後シテとは全く違う面持だ。

清経

【きよつね】

約束を違えたと恨む妻。形見を受け取らなかったと恨む夫。
すれ違う互いの想い。

❖時……………秋・九月
❖場所…………京都・清経留守宅
❖曲柄…………二番目物
❖登場人物……【シテ】平清経ノ霊【ツレ】清経ノ妻
【ワキ】淡津三郎
❖素材…………平家物語 巻八、源平盛衰記 巻三十三
❖作者…………世阿弥

あらすじ

平家の一門として都落ちした左中将・平清経*は、豊前国柳が浦（現・福岡県北九州市門司）でも敗戦し、都にはとても帰る事はできず、途中で雑兵の手にかかるより寧ろ自害した方がましだと思ったのか、一門の行く末を嘆き、船から身を投げて死んでしまう。家臣の淡津三郎（ワキ）は、船中に残された清経の遺髪を携え、人目を忍んで帰京し、清経の妻（ツレ）のもとに赴く。妻は夫が入水したとの報告を聞くと、討死か病死ならともかく、再会の約束を無にして自ら命を絶った事を恨み、形見として届けられた遺髪も見る度に心が痛み一層悲しみが増すだけだからと宇佐八幡宮《うさはちまんぐう》*に返納してしまう。そして毎夜涙にむせび、夫を恋しく思うこの心に引かれて、夫が夢に現れてくれるようにと願いながら床に就く。ある夜、「うたた寝に恋しき人を見てしより夢てふものは頼みそめてき（うたた寝をしている時に愛しい人を夢で見てしまった。それはあの方が私を思って下さっているからこそ。それからは夢を頼みにするようになってしまった。）」と古人が詠んだように妻を恋しく思うからこそ夢に来たのだと言って、清経の霊（シテ）が妻の夢に現れる。妻が再会の約束を破り死を選んだ夫へ恨みを述べると、一方で清経は、淡津三郎が折角届けた遺髪を宇佐八幡宮に返してしまった妻の薄情を恨み、互いに涙する。清経は、平家一門が加護を祈念した宇佐八幡大菩薩にも見捨てられ、もはや絶望しかない人生よりも、極楽往生を願い、船上で横笛を吹きつつ今様《いまよう》*を謡って入水した心情を語る。それでもなお妻が恨みと悲しみを訴えると、清経はこの世の全ては無常であると説き、入水に際して唱えた十念の念仏によって戦いに明け暮れる修羅道の苦しみから逃れることが叶い、仏の救いを得る事ができたと、妻の夢から姿を消してしまう。

《写真》「清経」シテ・平清経の霊

恋する詞章

よし夢なりとも御姿《おんすがた》を。見《み》みえ給《たも》ふぞありがたき。さりながら命を待たで我《われ》と身を。捨てさせ給《たも》ふ御事《おんこと》は。偽《いつわ》りなりける約言《かねこと》なれば。たゞ恨めしう候《そおろ》。

意訳

たとえ夢であっても御姿を見せて下さるのはありがたいこと。しかしながら、ご寿命を全うせず、自ら身をお捨てになったという事は、私と生きるも死ぬも一緒にと誓い、再会を約束した事は、偽りだったのですね。それが恨めしいばかりです。

清経【きよつね】

解説

深く愛し合っている男女の仲でも、無論、夫婦であっても、その思いとは裏腹にすれ違うことも分かり合えないこともある。男から見れば、女とは当たり前の事に悩み苦しみ、当然の事に傷つき怒る、理解し難い存在に見える時があるかもしれない。しかし、そういう場合、女の方は男が想像する以上に真剣だ。女は互いの間にある愛の「深さ」や「重さ」に関して敏感に感じ取る。自分が「大切に思われてるか」、「存在が尊重されているか」。それが相手の男から伝わってこない事、感じ取れない事が「噛み合わない原因」になる事が多い。愛する人と心が通じ合い満たされたい…。そんな思いは恋をすれば誰しも思う事だが、満たされていると感じることが出来るのは、いつも一瞬だ。人間の愛に対する渇望は尽きることがない。例え「死」が二人を別かっても、だ。

平家を一躍歴史の表舞台に登場させた平清盛。その孫、平清経がこの曲の主人公である。木曾義仲の進攻によって都落ちした平家は大宰府に逃れ再起を計っていたが、九州の豪族たちにも背かれてさらに落ち、豊前国柳ヶ浦にまで渡って西海を漂う事となる。清経は陰なく晴れた美しい月の夜に船端に立って、横笛で音取*し今様《いまよう》を詠う。そして、その繊細な性質《たち》ゆえに平家の行く末に絶望し、閑《しず》かに念仏を唱えると、筑紫の海に入水してしまう。

清経の死を知った妻は「生きる時も死ぬ時も一緒だと約束したはずなのに何故一人で死

■平清経《たいらのきよつね》
平安時代末期の平家の武将、公卿。平清盛の孫。平重盛の三男。母は藤原家成の娘。妻は藤原成親の娘。以仁王《もちひとおう》の挙兵の際には園城寺攻撃に参加する。平家一門が都落ちした後は、次第に悲観的な考えに取り付かれ、仮御所にしていた大宰府を元家人である緒方惟義に追い落とされたことをきっかけとして、豊前国柳ヶ浦にて入水した。享年二十一歳。横笛の名手だった。
→五九頁の系図参照

■今様《いまよう》
平安時代中期から鎌倉時代にかけて流行した歌謡。後白河法皇が愛好した。

■音取《ねとり》
音楽を演奏する前に、楽器の音調を試みるための、短い序奏。多くは笛が用いられる。

んでしまったのか」と夫を恨む。一門が都落ちするという時、清経は妻をとても大切に思っていたので共に連れて行くつもりでいたが、妻の両親が反対したため、二人は「再会」を誓って泣く泣く別れたのだった。その「約束」は離れている二人にとって共通した心の拠り所だろうと、夫も同じ思いだろうと、妻は固く信じていた。だからこそ裏切られたという思いが心を苛《さいな》む。妻は形見の遺髪さえも受け取らず涙にくれながら床につく。すると清経の霊が現れ、夢の中ではあるが二人は「再会」する。互いの魂が呼応したという事であろう。清経は妻に優しく語りかける。涙ながらに再会を喜ぶ妻。詞章はこの時のものだ。

この曲の「恋之音取《こいのねとり》」という小書《こがき》（特殊演出）では、笛の音にひかれて冥途《めいど》から現れるように、清経の霊（シテ）が「幕」から登場する。「恋之」としたのは妻への恋慕を表し、そして笛が用いられるのは、入水した時に「音取」をしたことに所以する。橋掛かり上で笛が止むとシテも止まり、また吹き始めると歩きだす。この時「幕」はこの世とあの世を隔てる境と化し、魂のない亡霊が笛の音だけを頼りに、恋しい妻に逢いに来る。その様《さま》だ。

形見として淡津三郎が届けてくれた遺髪を、見る度に心が痛むだけだからと、宇佐八幡宮へ返してしまった妻に対し、「絶望のあまり約束を破り、自ら命を捨ててしまったが、折角《せっかく》遺した形見を何故受け取らないのか。」と清経。「慰めにと遺して下さった形見でも見る度に心が乱れるばかり。二人の大切な約束を破り、何故命を捨ててしまったのか。一緒でいなければ意味がないのに。」と妻。夢の中で逢いながらも独寝《ひとりね》のように別々の思いに

■宇佐八幡宮《うさはちまんぐう》
大分県宇佐市にある神社。豊前国一宮。全国に四万社以上あると言われる八幡神社の総本宮。五七一年、主祭神である八幡大神が初めてこの地に顕現し、八幡信仰の発祥となった。平家と宇佐八幡宮のつながりは、平清盛の娘・清子が大宮司宇佐氏の正室になったことに始まる。平家一門が都落ちをし、敗戦を重ねて西海に逃れ、宇佐の柳ヶ浦に上陸。大宮司以下が出迎えて、安徳天皇の行宮に大宮司の邸館をあて、建礼門院・二位尼・女官らを館に迎えたという。平家一門は嫡流の清経を宇佐使いとして神宝を捧げて奉幣した。参籠する一門に「この世の苦しみは宇佐の神でも救えないものを、これ以上心を尽くして何を祈ろうと言うのだ」と神託が下り、清経が悲観する発端となった。

悲しむ二人。恨み恨まれる互いの仲を解きほぐそうと、清経は入水するに至った心情を語るが、妻はまだ納得がいかずに泣き崩れる。命絶えた後は修羅道に落ち、戦いに苦しむその姿をも妻に見せる清経。夫の気持ちを少しずつ理解し、夫を「恨む」より「恋しい」という思う気持ちが溢れ出してきたというその瞬間、清経は成仏し妻の目の前から消えてしまう。この曲で最も切ない瞬間だ。そして観客は改めて思い知らされる。「清経の死」が既に二人を永遠に隔てているという現実を。誰もが、妻のその後に思いを寄せずにはいられない。

月岡芳年『月百姿』「舵楼の月／平清経」
（町田市立国際版画美術館蔵）
清経が入水する場面

采女

【うねめ】

身分違いの恋がもたらす悲劇。
「死」を選んだ采女を救ったのは何か。

采女【うねめ】

❖時……春・三月
❖場所……大和国 春日の里（現・奈良県奈良市登大路猿沢池）
❖曲柄……三番目物
❖登場人物……【前シテ】里女【後シテ】采女ノ霊【ワキ】旅僧【ワキツレ】従僧【アイ】春日ノ里人
❖素材……大和物語 百五十段、万葉集
❖作者……世阿弥

あらすじ

諸国一見の僧（ワキ・ワキツレ）が大和国の春日の里を訪れ、春日明神を参詣する。そこへ年若い里の女（前シテ）が現れる。木の生い茂っている森に更に木を植えているので、僧がその理由を尋ねると、女は、春日明神がここに祀られたばかりの時は木陰さえない山だったが、藤原氏一門がこの神の加護を祈って植樹し、このような深山となった。こうして木を植えるのは、明神の御心に添い、諸願成就を祈るためだと言う。女は春日明神から万物が受けている恩恵について語り、僧にも信心を勧め、藤が咲く里の春景色の美しさを称《たた》える。そして女は僧を猿沢の池に導く。ここが有名な猿沢の池かと僧が感心していると、女は事情があるので供養して欲しいと頼むのだった。僧がその事情を尋ねると、昔、帝《みかど》の寵愛を失った采女《うねめ》*が帝の心変わりを悲しんでこの池に入水し、それを知った帝が池に行幸され、憐れみの歌を下されたことなどを語り、さらに回向を頼む。そして自分こそその采女の霊であると明かすと池の中に姿を消してしまう。【中入】

所の者（アイ）から采女の所以《ゆえん》を聴いた僧は、池辺で夜もすがら読経し供養する。そこへ采女の霊（後シテ）が昔の美しい姿で現れ、弔いを受けた事を感謝する。自分も、かの龍女《りゅうにょ》*のように男子に変成*をとげ、これで成仏できると喜ぶ。采女の職にある者は帝のお側近く仕え、心を尽くす役目を担っていると昔の故事を引いて采女の誉れを語り、曲水の宴の様《さま》を思い起こし、舞い戯れる。やがて御帝の万代《よろずよ》までの栄を祈り、僧に重ねての供養を頼むと猿沢の池の波間に消えて行くのであった。

《写真》「采女」後シテ・采女の霊

帝《みかど》あはれと思《おぼ》し召し。この猿澤《さるさわ》に御幸《みゆき》なつて。采女《うねめ》が死骸を叡覧《えいらん》あれば。さしもさばかり美しかりし。翡翠《ひすい》の髪《かん》ざし嬋娟《せんげん》の鬢《びん》。桂《かつら》の黛《まゆずみ》。丹花《たんか》の唇《くちびる》。柔和《にゅうわ》の姿引きかへて。池の藻屑《もくず》に乱れ浮くを。君も哀《あわ》れと思《おぼ》し召して。
吾妹子《わぎもこ》が。寝ぐたれ髪《がみ》を猿澤の。池の玉《たま》藻《も》と。見るぞ悲しきと。叡慮《えいりょ》に懸《か》けし御《おん》情《なさけ》。かたじけなや下《しも》として。君を怨《うら》みしはかなさは。たとへば及びなき水の月取る猿澤の。

意訳

帝は（采女を）可愛そうにお思いになられ、自ら猿沢の池に御幸されて采女の亡骸をご覧になると、翡翠《ひすい》の髪ざしをさす艶やかで美しい髪。三日月の如くに美しい黛《まゆずみ》。紅の花びらの様な唇。優しく嫋《たお》やかであった生前の美しい姿は全く消え失せて、池の藻屑にまみれて池に浮いているのを哀れに思し召され、「自分が愛していた女の乱れ髪が（契りを結んだ後に見た寝乱れたあのなまめかしい髪とはもはや違って）、猿沢の池に浮き沈みする藻のようになってしまったのは悲しい事だ」と帝に思って頂いたのは畏れ多く勿体ないこと。下々の身でありながら、帝をお恨み申し上げるなど、水に映る月を手に取ろうとする猿のように浅はかな事です。

解説

思い切れない恋心を「恋々《れんれん》の情」という。切なく苦しい思いがとめどなくこみ上げ、断ち切る事の出来ない様《さま》だ。この能のシテ・采女は自らの命を絶つことで、叶う事のない、満たされることのない恋情を断《た》った。

奈良時代、地方の豪族は自らの娘や姉妹の中から容姿端麗な者を選び、天皇への服従の証として差し出した。それが「采女《うねめ》」だ。天皇の食事の世話や裁縫をする。容姿に限らず、才気にあふれ、歌舞にも優れている事がその条件であったため、天皇の寵愛を受ける事もあるが、あくまで「侍女」。身分は低かった。天皇の気分次第でどのようなことも起こり得る「気の毒な」身の上の娘たちであった。だからこそ「采女」にまつわる様々な悲話も生まれ、和歌や伝説にも登場する。

采女の多くは年端もいかない娘。帝に召された娘も、純粋さ故に一途な思いが募ったであろう。それに比べ帝は、大勢の女性たちに囲まれ、一《いち》采女の気持ちなどにその思いが及ぶはずもない。帝と身分の低い娘の間の契りには、支配する者と支配される者のどうすることもできない価値観の違いもあり、それが悲劇の発端となる。娘は恋の喜びも一転、逢瀬の後にこそおとずれる恋の切なさや苦しさ辛さに身を焦がし、自らが置かれた哀しい現実を知ることになる。しかしこの能は采女が帝の薄情を恨んで命を絶ったことを綴った物

■采女《うねめ》
采女の起源は大変古く、長い歴史の中でその役割や性格も変化していく。既に飛鳥時代には地方の豪族がその娘を天皇家に献上する習慣があったとされている。服属したことを示したものと考える説が有力。天皇の食事の配膳が主な業務とされているが、諸国から容姿に優れた者が献上されていたため、妻妾としての役割を果たす事も多く、その子供を産む者もいたが後宮での身分は低かった。

語ではない。この詞章が語るように、帝が自ら池の畔に足を運び、「私の愛おしい人が・・・」と歌を詠んで哀れんでくれた、帝のその気持ちが、その一歌が、采女の「救い」となり采女は舞を舞って水と同化するように成仏する。生前の美しい采女の姿。それを表現する詞章の美しい言葉の一つ一つが重ねられるごとに、その姿が目の前に鮮明に現れ、かえって、采女の哀しみを強く訴えてくる。抒情的で美しい世界観が観る者に何とも言えない余韻を残す。

　能を鑑賞する事は、自分の心と対話する事でもある。能は一期一会《いちごいちえ》。能の物語に、または演者の表現に、呼応する時もあれば、反発を覚える時もある。能を通じて日頃は自分の心の奥に隠れていた様々な感情や想いが浮かんでくる。「恋」を題材とした能は殊更《ことさら》だ。能に触れることで心が「花」で満たされることもあれば、「鬼」がひょっこりと顔を出すこともある。能を観て、自分の心を委ね、どう動くかを感じることこそ、折々に能を楽しむ醍醐味なのだ。

猿沢池

■龍女《りゅうにょ》
法華経の第十二品の提婆達《だいばだっ》多品《たほん》の説話に登場する、娑竭羅《しゃから》龍王の八歳の娘。龍身・年少・女性という悪条件にもかかわらず、法華経によって悟りを開き、一瞬にして変成男子《へんじょうなんし》を遂げて、菩薩となり往生した。

■変成男子《へんじょうなんし》
女人が仏道を成ずる事は非常に難しいという考えから、成仏するために一度男に生まれ変わること。またその思想。

memo

旅する能楽④

春日大社から猿沢池へ

古都奈良。采女の足跡を感じる道。

近鉄奈良駅から東大寺大仏殿、春日大社、猿沢の池を通って興福寺まで歩き、駅に戻るコースが古都・奈良を堪能できおすすめだ。新緑が美しい5月、春日大社・興福寺では「薪御能《たきぎおんのう》」が行われ、薪火の燈火に浮かび上がる幽玄の世界を目のあたりにできる。その時期に合わせて旅するのもよい。

春日大社

奈良県奈良市にある神社。春日神社の総本山。710年、平城京遷都の年に藤原不比等が藤原氏の氏神である鹿島神（武甕槌命《たけみかづちのみこと》）を春日の御《み》蓋山《かさやま》に遷して祀ったのが創始とされている。武甕槌命、経津主命《ふつぬしのみこと》、天児屋根命《あめのこやねのみこと》、天児屋根命の妻の四神を総称して春日神という。武甕槌命が白鹿に乗ってきたとされることから、鹿を神使とする。毎年2月と8月に境内にある全ての燈籠に火を灯す「万燈籠」の行事が行われ、幻想的な美しさを見せる。

猿沢池

奈良県奈良市の奈良公園にある池。興福寺五重塔と湖畔の柳が水面に映る風景が美しい。池の西北の隅に「采女神社」がある。身を投じた采女の霊を慰めるために建てられたが、我が身を投じた池を見るに忍びないと采女が一夜のうちに社を後ろ向きにしたため、鳥居を背にした神社となっている。毎年中秋の名月の時期に「采女祭」が行われる。また、池の東には采女が身を投じる前に衣を掛けたという衣掛《きぬかけ》柳がある。

❖春日大社・猿沢池へのアクセス

住所：奈良県奈良市春日野町160
JR大和路線・近鉄奈良線「奈良駅」から奈良交通バス「春日大社本殿」下車すぐ。

住吉詣

【すみよしもうで】

住吉明神が導いた恋。自らの分《ぶん》を知る事で、源氏の愛を得た明石の君。

住吉詣【すみよしもうで】

❖時……………秋・九月
❖場所…………摂津国 住吉神社（現・大阪市住吉区）
❖曲柄…………三・四番目物
❖登場人物…【シテ】明石ノ君【主ツレ】光源氏
【ツレ】侍女二人【ツレ】惟光
【トモ】従者三〜五名
【子方】童と随身二人
【ワキ】住吉宮神主菊園何某《きくぞのなにがし》
【アイ】神主ノ供人
❖素材…………源氏物語 第十四帖「澪標」
❖作者…………不詳

あらすじ

住吉大社*の神主（ワキ）は光源氏が参詣すると聞き、社内を清めて待つ。やがて秋の美しい紅葉を愛でながら、惟光《これみつ》（ツレ）と従者（トモ）を従え、光源氏（主ツレ）が参拝に訪れる。住吉の神主はさっそく祝詞をあげて天下泰平を祈り、源氏の諸願が成就したことを神に感謝する。いまや内大臣にまで昇進し栄華を誇る光源氏であったが、かつて政争に敗れて須磨《すま》の地に配流され、住吉大社に帰洛を祈願していたため、宿願成就の御礼参りを行ったのであった。舞楽が奉納され、その尊さと有難さに一同は涙する。喜んだ源氏は神主に酒をと言って、河原の大臣の先例にならって御所から賜った童（子方）にお酌をさせ、座興に今様《いまよう》や朗詠を謡わせた。そこへ、源氏が須磨に配流の身であった折に契りを結んだ明石《あかし》の君*（シテ）も、住吉詣のため明石潟から舟を漕ぎ寄せやって来る。侍女（ツレ）が煌《きら》びやかな源氏の一行に気づき、それを聞いた明石の君は、同じ日に参詣するという源氏との宿縁に改めて感じ入りながらも、やつれた姿を見られてはと恥らい、舟影に身を隠していた。ところが源氏が明石の君に気づき、二人は久しぶりの対面を果たす。酒宴が始まり盃を重ね、明石の君は舞を舞い、再会できた源氏との縁の深さを喜ぶ。互いに心を語っているうちに日暮れの時がおとずれる。名残を惜しみながらも明石の君の舟は岸を漕ぎ離れ、源氏も涙に袖を濡らしながらも別れていくのであった。

《写真》「住吉詣」シテ・明石の君

恋する詞章

身をづくし。戀《こ》ふるしるしに此處《ここ》までも。
廻《めぐ》り逢ひける。縁《えに》は深しな。
数ならで。難波《なにわ》の事も。かひなきに。な
に身をづくし。思ひ初《そ》めけん。

意訳

身も命もかけて恋慕った甲斐があって、「澪標《みおつくし》」で知られる難波江《なにわえ》でもあなたにめぐり逢うとは、きっと前世から結ばれた深い縁があるのですね。
私のようにとるに足らない身の上では、何もかもあきらめておりましたのに、どうして死ぬほど苦しい恋に堕ちて、あなた様をお慕い申し上げることになってしまったのでしょう。

住吉詣【すみよしもうで】

解説

自らの「分を知る」とは、自分の身の程や分際を承知して、自ら身を処すこと。しかしそれは自分を卑下することではないし、自分を諦めることでもない。その難しい見極めを叶えてこそ、凛とした潔さが美しさとなって自分を輝かせ、逆に愛しい男の心をしっかりと手繰り寄せることができるのではないだろうか。但《ただ》しそれが、「死ぬほど苦しい恋」であっても、燃える恋の焔《ほのお》をぐっと心に治める強さがなければならない。自分が理想とする美しい生き方を保ちながら、恋を叶えることは至難の業だ。

スキャンダルが発端となり、政治生命が危うくなった光源氏は、自ら都を去り、須磨へ。その折に住吉明神の導きにより、新たに出会うのが明石の君だ。「身分が低い」と控えめでありながらも、琵琶や琴の名手で教養は高く、思いのほかプライドも高い。どことなく六条御息所《ろくじょうのみやすどころ》を思わす姫に源氏は心惹かれ、恋に堕ちる。やがて明石の君は源氏の子を宿すが、罪を解かれた源氏は都へ還る事となり、二人に別れが訪れる。

能「住吉詣」は、『源氏物語』の第十四帖・「澪標《みおつくし》」に取材して書かれた。都で復権し、願ほどきの「住吉詣」に出かけた源氏と、それを知らずに舟で参詣に来た明石の君が再会する。しかし素材である『源氏物語』の中では、源氏と明石の君は会うことが叶わない。明石の君は同じ日に詣でる宿縁を感じながらも、源氏の盛大な行列を見て、改めて「身の

■明石《あかし》の君《きみ》

『源氏物語』に登場する女君。父は源氏の母、桐壺更衣の従兄弟にあたる明石の入道。母は明石尼君。住吉明神の導きにより明石に流れ着いた源氏と逢瀬を重ね、源氏が帰京してのち女児(明石の姫君)を出産する。自身が京へ上ってからも、田舎育ちである事、身分が低い事から源氏の愛人達にひけをとるのではと懸念し、源氏の邸へは入らず、父が用意した別邸に住む。明石の君は、娘の行く末を案じて辛い思いで姫君を手放し、姫君は紫の上の養女となる。姫君の入内をきっかけにようやく付き添いを許され、その後は女御となった娘の後見に全力を尽くす一方、紫の上とも、良好な関係を築いていく。源氏の政治的権力と明石の君(御方)の見事な裁量、そして第一皇子を産んだことにより、明石の姫君は中宮に立后する。

程」を知り、その場を去ってしまう。源氏の腹心・惟光《これみつ》により明石の君も住吉に来ていたことを知った源氏は気の毒に思い、彼女に和歌をしたためる。受け取った明石の君は、源氏への思いを返歌に託す。その和歌に源氏は、明石の君との縁の深さを感じ、なおさら愛おしく思って情を深める。二人の情愛がやり取りされたその二首を能の作者は巧みに詞章に組み入れ、シテに語らせる。それがこの一節だ。

帰京してすぐ、源氏は娘である姫が片田舎で育つことを避け、帝の后にふさわしい教育を与えるため、明石の君と娘の上京を促す。明石の君は紫の上をはじめとしてたくさんの愛人も住む源氏の住まいに入ることを躊躇する。そこに混じってしまっては、源氏の足が遠のいた場合、立つ瀬がないと思慮し、別に大堰川（現・桂川）のほとりに居を構える事にする。娘の将来を考え、身分の低い自分が「母」であってはならないと、身を切る思いで姫の養育を紫の上に託す。結果、明石の君の心情と人柄に感じ入った紫の上は、姫を大切に可愛がり、立派な女性に育てる。姫は帝に嫁ぎ、やがて皇子を生み皇后となって、明石の君の深慮と英断は実を結ぶ。

冷静に自分の分を弁《わきま》えて、的確に身を処し、源氏と適度な距離を保つことで、源氏の変わらぬ愛を得た女性。それがこの能の主人公なのである。

■住吉大社

大阪の総鎮守であり、総氏神。摂津国の一宮。全国に約二三〇〇社ある住吉神社の総本社。下関の住吉神社、博多の住吉神社とともに「日本三大住吉」の一社。十四代仲哀《ちゅうあい》天皇の妃である神功皇后《じんぐうこうごう》はその神託を得て新羅《しらぎ》に出兵。この新羅遠征により、国の安定を築くことができたため、帰国後、現在地（第一・第二・第三本宮）に大神を鎮祭したのが創始とされている。皇后も、その遺志により第四本宮に祀られたと伝えられている。祭神は底筒男命《そこつつのをのみこと》、中筒男命《なかつつのをのみこと》、表筒男命《うはつつのをのみこと》、息長足姫命《おきながたらしひめのみこと》を合わせて「住吉大神」と総称され、海の神として信仰されている。

memo

旅する能楽⑤

住吉大社

源氏と明石の君を引き合わせた神

社殿に向かうためには、神池をまたいで大きく弓なりに掛けられた朱色の「反《そり》橋《はし》」を渡らなければならない。石の橋脚は淀《よど》君が奉納したと伝わる。地上と天上をつなぐ急勾配の架け橋を心して渡る事で「禊祓」になると今も伝わる。須磨で嵐に遭った源氏を明石の君に引き合わせ、離れ離れであった二人を同日に参詣させることで再び引き合わせた住吉大神。その存在を確かに感じることが出来る場所だ。

❖住吉大社へのアクセス

住所：大阪府大阪市住吉区住吉2-9-89
南海本線「住吉大社駅」下車。徒歩３分

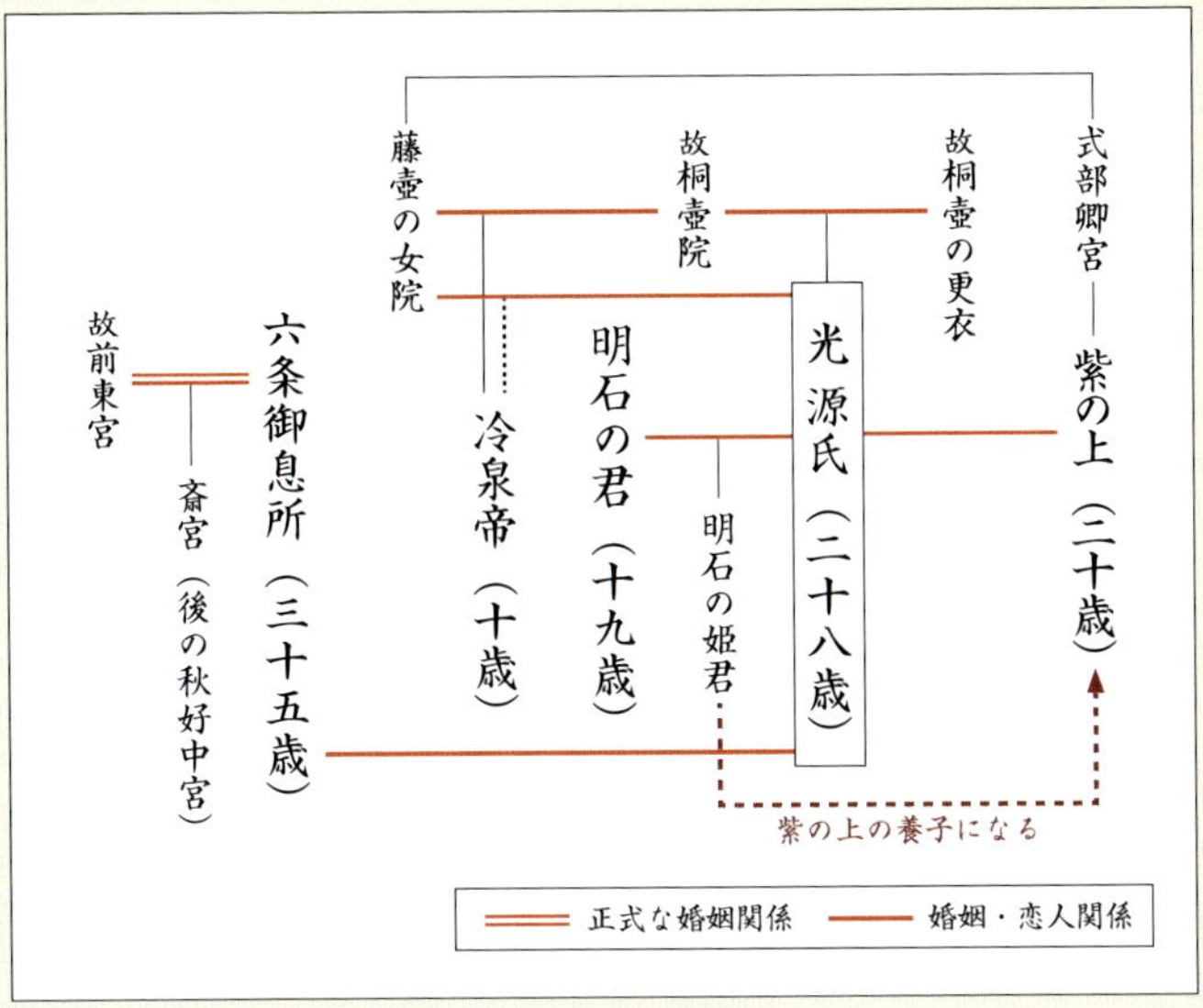

『源氏物語』第十四帖「澪標の巻」の主な登場人物相関図

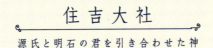

◉写真協力

カバー「半蔀」小島英明《撮影　山口賢一》
「葵上」小島英明《撮影　渡辺国茂》
「戀重荷」前シテ・後シテ　永島忠侈《撮影　駒井壮介》
「班女」鈴木啓吾《撮影　芝田裕之》
「鐵輪」長山耕三《撮影　駒井壮介》
「鞍馬天狗」観世喜正《撮影　駒井壮介》
「吉野静」中森貫太《撮影　駒井壮介》
「千手」駒瀬直也《撮影　駒井壮介》
「楊貴妃」観世喜正《撮影　青木信二》
「井筒」小島英明《撮影　駒井壮介》
「錦木」永島　充《撮影　駒井壮介》
「砧」前シテ・後シテ　観世喜正《撮影　青木信二》
「女郎花」鈴木啓吾《撮影　駒井壮介》
「定家」中森貫太《撮影　駒井壮介》
「通小町」奥川恒治《撮影　駒井壮介》
「半蔀」中森貫太《撮影　駒井壮介》
「野宮」奥川恒治《撮影　駒井壮介》
「求塚」前シテ・後シテ　駒瀬直也《撮影　青木信二》
「清経」観世喜正《撮影　青木信二》
「采女」中森貫太《撮影　前島吉裕》
「住吉詣」観世喜正《撮影　青木信二》
「班女の扇」鎌倉能舞台《撮影　芝田裕之》
「矢来能楽堂」観世九皐会《撮影　芝田裕之》

◉協力

公益社団法人　観世九皐会
公益財団法人　鎌倉能舞台
皐風会

◉参考・引用文献

●能楽関係

「観世流 参考謡本」能楽書林
「観世流 謡本 大成版」檜書店
佐成謙太郎 校注『謡曲大観』明治書院
野上豊一郎 編集『能楽全書』綜合新訂版 東京創元社
小林 責・西 哲生・羽田 昶『能楽大事典』筑摩書房
権藤芳一「能楽手帳」能楽書林
戸井田道三 監修／小林保治 編『能楽ハンドブック』三省堂
石井倫子『能・狂言の基礎知識』角川選書
世阿弥「世子六十以後申楽談義」『日本思想大系 二四・世阿弥 禅竹』岩波書店
表 章 校注『世阿弥 申楽談義』岩波文庫
世阿弥・野上豊一郎校訂『申楽談義』一穂社
相良亨『世阿弥の宇宙』ぺりかん社
梅原猛『世阿弥の恋』角川文芸出版
北川忠彦『世阿弥』中央公論社
脇田晴子『能楽のなかの女たち～女舞風姿～』岩波書店
秦 恒平『能の平家物語』朝日ソノラマ
「月刊 観世」（二〇一二年六月号～二〇一三年三月号）檜書店

●その他

高田祐彦 訳注『新版 古今和歌集』角川ソフィア文庫
阿部秋生・秋山虔・今井源衛『日本古典文学全集 源氏物語』小学館
秋山虔・小町谷照彦『源氏物語図典』小学館
円地文子『円地文子の源氏物語』集英社文庫
瀬戸内寂聴『源氏物語』講談社
田辺聖子『新源氏物語』新潮文庫
瀬戸内寂聴『おとなの教養 古典の女たち』光文社
瀬戸内寂聴『痛快！ 寂聴 源氏塾』集英社インターナショナル
俵万智『愛する源氏物語』文芸春秋
西沢正史 企画編集・上原作和 編集『人物で読む源氏物語 六条御息所』勉誠出版
梶原正昭編『平家物語必携』學燈社
福原豊彦・関幸彦編『源平合戦事典』吉川弘文館
五味文彦・桜井洋子編『平家物語図典』小学館
『伊勢物語』学研
森三千代『古典文学全集 伊勢物語』ポプラ社
中村真一郎『伊勢物語』世界文化社
石田譲二訳注『新版 伊勢物語』角川文庫
木戸久仁子「古注における紀有常の娘」
松本章男『業平ものがたり』平凡社
森本繁『白拍子 静御前』新人物往来社
神部眞理子『玉の緒よ 式子内親王の生涯』文芸社
福井栄一『小野小町は舞う』東方出版
門脇禎二『采女～献上された豪族の娘たち～』中央公論新社
山田孝道編『禪問法語集』光融館
『往生要集 上』岩波文庫
『注釈版 真宗聖典 七祖篇』本願寺出版社
『上村松園』日本経済新聞社
『上村松園』新潮日本美術文庫
『百人一首 再現！ 不滅の歌かるた』学研
『週刊 日本の神社 宇佐八幡宮』ディアゴスティーニ
『週刊 日本の神社 住吉大社』ディアゴスティーニ

あとがき

「能の無限に広がる魅力を自分の言葉で伝えたい。」と、東京・池袋にある自由学園明《みょう》日館《にちかん》の公開講座「能楽事始め」の講師を勤めさせて頂くようになり、早いもので十年が経ちました。本書は、その講座で使用した資料をもとに、改めて私見を加筆し修正して、まとめたものです。

「能楽」は、日本が世界に誇る伝統芸能であるにも関わらず、時代の流れと共に、その存在は薄れていく一方です。「能」の世界に生きる人間として、この本が能に興味を持って頂くためのきっかけや一助になるならば、これ以上の喜びはありません。

能を楽しむヒントは、実は、私達の日常や周辺に溢れています。何故なら、能は「日本」の舞台芸術。季節や歴史、文学、様々な事に深く関わっています。関連する知識や情報はその気になればいくらでも調べられるし、学ぶことができます。知れば知るほど面白くなるのが、能楽鑑賞の素晴らしいところ。宝物を見つけるような、無限の「知的好奇心」と豊かな「感性」を働かせて頂ければと思います。

最後に、この本の出版をご提案頂きご助力下さった、東京堂出版の酒井香奈様、いつも父の如く優しくまた厳しくご指導お導き下さっている師匠・観世喜之師をはじめ、諸先輩後輩の皆様に深く感謝し御礼を申し上げます。

平成二十七年一月吉日

小島英明

◉著者略歴

小島英明（こじま・ひであき）

能楽師観世流シテ方。1970年生。三世観世喜之に師事。祖父・曙光《しょこう》は先々代喜之、伯父・芳雄は先代喜之に師事した能楽師で、幼少より能に親しむ。9歳の時に仕舞『合浦《かっぽ》』で初舞台。2000年、独立。東京を中心に地方公演のみならず、海外公演にも多数参加。所属団体・観世九皐会《きゅうこうかい》の本拠地神楽坂の矢来能楽堂の他、母の郷里・宮城県白石市にある東北地区唯一の室内能楽堂「碧水園能楽堂」と地元・東京都中野区の「なかのZERO」における定期公演や、各地にて薪能・ろうそく能などの公演を企画・実施。また、「多くの人に能楽に触れる機会を持って欲しい」と、優しく解りやすい「能楽講座」を全国各地にて多数開催。平成22年自宅舞台（東京都中野区）を再建し、「小島能舞台」として活動の拠点とする。

1999年『千歳』（『翁』）、2002年『石橋』（ツレ）、2003年『猩々乱』（ツレ）、2007年『道成寺』、2014年『鉢木』を披く。

学習院大学法学部卒業。皐風会主宰。重要無形文化財総合指定保持者。（一社）日本能楽会会員。（公社）観世九皐会所属。（公社）能楽協会会員。

◉お稽古場案内《謡《うたい》クラス・仕舞《しまい》クラス》

小島能舞台（東京都中野区東中野）他、宮城県白石市、埼玉県深谷市、東京都八王子市で実施。【皐風会ホームページ】http://www.koufuukai.net/

◉ Special Thanks：Miki Kojima & Shiori

恋する能楽

2015年1月20日　初版発行
2024年6月10日　3版発行

著　者	小島英明
発行者	金田　功
発行所	**株式会社 東京堂出版** 〒101-0051 東京都千代田区神田神保町1-17 電話 03-3233-3741 https://www.tokyodoshuppan.com/
ブックデザイン	松倉　浩　鈴木友佳
DTP	株式会社オノ・エーワン
図版作成	佐藤壮太（オフィス・ユウ）
印刷・製本	東京リスマチック株式会社

ISBN978-4-490-20892-4　C0074